뜻밖의
인문학
캘리그라피

뜻밖의
인문학
캘리그라피

이 규 복 지음

이서원

차 례

[2부] 글씨는 곧 그 사람이다

1. 우리가 모르는 글씨(書)의 세계

어느 때부터였는지 모르겠지만 글씨를 쓰는 일이 급격히 드물어졌습니다. 일상생활에서 기껏 글씨를 쓴다고 해봐야 메모지에 오늘 할 일을 적어 놓거나 급한 메모를 휘갈겨 쓰는 일이 대부분 입니다. 어쩌다 서류가 필요하면 관공서에 가서 신청서에 이름과 주소를 쓰고 나면 그날 하루 쓸 글씨를 다 썼다는 생각이 들 정도입니다.

이렇듯 부지불식간에 글씨를 쓰는 일이 없어지다 보니 이제는 글씨가 문자 전달의 수단이라는 의미만 남게 되었습니다. 그러다보니 글씨를 잘 쓰고 못 쓰고를 떠나 우리에게 글씨란 무엇인지, 또 글씨가 갖는 의미는 어떤 것인지에 대해 고민하거나 생각하는 것은 언감생심 꿈도 꾸지 못하는 상황이 되었습니다.

글씨(書)에는 우리가 모르는 많은 것들이 숨겨져 있습니다. 그 안에는 글씨의 본질, 글씨에 대한 사상과 철학, 필획의 생명성, 예술성 등등 이루 말할 수 없을 정도의 많은 이야기들이 담겨 있습니다. 그리고 글씨의 미(美)에 대한 이야기도 당연히 빼놓을 수 없습니다. 특히 글씨는 눈에 보이는 조형상의 미뿐만 아니라 눈에 보이지 않는 미, 즉 자연미라든가 혹은 기(氣), 정신(精神)과 같은 형이상학적인 미까지 깊게 탐구하고 이를 추구합니다.

이 책에서는 이렇게 우리에게 알려지지 않았거나 몰랐던 글씨의 본질과 의미 그리고 이론에 대해 이야기해 보고자 합니다. 글씨를 그냥 쓰기만 하면 된다고 생각했던 분들에게는 어떻게 보면 많이 생소할 수도 당혹스러울 수도 있습니다. 하지만 글씨 그 자체가 지니고 있는 철학적 의미와 더불어 글씨를 쓰는 사람과 글씨와의 관계가 얼마나 중요한지에 대해 꼭 알려드리고 싶었습니다. 아울러 우리가 글씨를 함부로 대하거나 아무생각 없이 막 써서는 안 되는 대상임도 말입니다.

2. 인문학이라는 손님을 따라

2012년 《실전 캘리그라피》를 출간한 후 마음속으로 다짐한 것이 하나 있었습니다. 글씨의 본질과 이론을 알리는 글을 쓰기로 말입니다. 그런데 한 가지 걱정이 있었습니다. 글씨 이론의 밑바탕이 되는 서론(書論)을 어떻게 풀어내야 할지 막막했던 것입니다. 서론에서 사용되는 단어들이 오늘날에는 전혀 어울리지도 않을뿐더러 형이상학적인 용어는 자칫 잘못 풀었다가는 엉뚱한 해석으로 난감해질 수 있었기 때문입니다. 선생님들도, 선배들도 이 부분만큼은 어찌하지 못했던 부분이라 저 역시 엄두가 나지 않았습니다.

이러 저러한 고민과 세상살이에 치여 한해 두해 계속해서 시간만 흘러가고 있을 때 어렵기만 했던 고전(古典)들을 쉽고 재미나게 풀어낸 책들이 나와 인문학 열풍이 불기 시작했습니다. 참으로 다행이 아닐 수 없었습니다. 서론도 여기에 잠시 편승해 쉽게 풀어낼 수 있지 않을까 하는 새로운 기대감이 생겼기 때문입니다. 그래서 고전에 나오는 내용과 글씨 이론에서 나오는 내용의 접점을 찾기로 했습니다.

하지만 곧 난관에 부딪쳐야만 했습니다. 오롯이 한문으로만 되어있는 고전과 서론은 한 줄 한 줄 읽고 해석하는 것만으로도 고통이었습니다. 게다가 고전과 서론의 접점을 찾기란 한학자(漢學者)가 아닌 저에게는 매우 힘겹고 버거운 일이었습니다. 후회의 연속이었습니다.

속담에 굼벵이도 구르는 재주가 있다고 저에게도 구르는 재주가 있었나 봅니다. 인내심이라는 저주 아닌 재주 말입니다.

3. 슬기로운 글씨 생활을 위해

그동안 우리가 글씨(書)를 대하는 생각과 태도가 너무 감성적인 면에 치우쳐 있었던 것이 아닌가 생각됩니다. 특히 캘리그라피는 감성 글씨라는 타이틀이 붙을 정도로 감성을 중시하고 이를 최선인 것처럼 혹은 만능인 것처럼 여기는 경향이 매우 짙습니다. 게다가 글씨를 말함에 있어 개인의 막연한 개념이나 경험에 의지하고 있었기에 무엇이 좋은지 혹은 옳은지에 대한 보편적이고 객관적인 기준이 아직까지도 없습니다. 캘리그라피는 이 부분에서 특히 더 취약합니다. 제대로 된 연구서나 글이 거의 없다시피 한 점이 이를 방증합니다.

지금까지 글씨를 대하는 우리의 자세가 주관적이고 감성적이었다면 이제부터라도 논리적이고 객관적으로 접근하는 노력이 필요합니다. 글씨의 기초 원리부터 글씨에 대한 철학과 이론에 이르기까지 차분히 정리하고 되짚어 봐야 합니다. 그래야 예술인 것과 아닌 것을 구별할 수 있고 나아가 지속 가능한 발전을 할 수 있습니다.

그리고 먼저 깨달은 사람이 혼자 깨달은 것으로 그치거나 만족하는 것이 아니라 깨달음을 나누는 것이 더 중요하다고 생각합니다. 지식을 공유하는 것 또한 선각자의 책임이며 의무입니다. 아울러 지식의 공유에 있어서도 옛 것을 그대로 전달하는 데 그치거나 혹은 쉽게 풀어내지 못하면 대중과 함께 할 수 없습니다. 오늘날의 현실에 맞게끔 이해하기 쉽도록 슬기롭게 풀어내는 것도 선각자의 몫입니다. 그래서 선각자는 무거운 짐을 지고 갈 사명감도 필요 합니다.

노자(老子) 《도덕경(道德經)》에 '千里之行 始於足下'는 말이 나옵니다. 우리가 잘 아는 '천리길도 한걸음부터'입니다. 지금 글씨에 대한 이론 부분은 공부하기가 쉽지 않은, 아니 매우 열악한 상황임을 인정합니다. 그래도 담대한 마음을 갖고 한걸음씩 나아가다 보면 황무지에 가까운 척박한 땅을 개척하여 비옥한 옥토로 만들 수 있으리라 생각합니다.

이 책을 통해 그동안 감춰지고 숨겨지고 몰랐던 글씨의 세계를 편안하게 이야기해보고 더불어 세상과의 소통의 기회를 가져 보고자 하는 바람입니다.

2018년 봄. 이규복

1부

글씨로 마음을 전하다

서법전심 [書法傳心]

글씨(書)는 마음을 전하는 것.

어떤 사람이 처음 만난 자리에서 뜬금없이 글씨가 왜 예술인가에 대해 물었다. "누구나 다 손으로 글씨를 쓰는데 왜 굳이 예술이라 하는가, 그러면 자신도 예술가 아닌가?" 순식간에 여러 질문을 쏟아내고는 무척 궁금하다는 듯 답을 재촉하는 그를 보며 '아, 대부분 글씨를 모르는 사람이면 이렇게 생각하겠구나' 라는 생각이 머리를 스쳐 지나갔다.

대문호 톨스토이는 예술의 정의에 대해 이렇게 말한다.

예술이란 어떤 사람이 자기가 경험한 느낌을 일정한 외면적인 부호로써 의식적으로 타인에게 전하고, 타인은 이 느낌에 감염되어 이를 경험한다는 것으로써 성립되는 인간의 작업이다.

명쾌하다. 자신의 감정을 의식적으로 타인에게 감염시키게 만드는 작업이 곧 예술이라는 말에 달리 할 말이 없다. 고개를 절로 끄덕이게 된다. 물론 톨스토이 외에 여러 사람들도 예술의 정의에 대해 논하고 자신의 생각을 개진했지만 그들의 글을 읽고 난 후에는 무언가 개운치 않은 여운이 남고는 했다. 하지만 톨스토이의 예술에 대한 정의는 간단명료하면서도 가슴에 울림이 있었다. 아마도 글씨(書)가 예술이 될 수 있었던 이유와 똑같았기 때문이 아닐까. 그렇기에 더 명료하게 읽히고 진심으로 동감할 수 있었던 것이리라 생각된다.

명나라 항목(項穆)이 지은 《서법아언(書法雅言)》에 '서법내전심야(書法乃傳心也)'라는 말이 나온다. '글씨(書)는 곧 마음을 전하는 것이다'라는 뜻이다. 다른 사람에게 자신의 마음과 정감을 전하는 것, 이것이 글씨(書)의 첫 번째 목적이다. 이 목적이 달성되면 톨스토이의 말처럼 관객은 작가의 정감에 감염되고 마침내는 작가와 동질감을 느끼게 된다. 타인을 감염시키는 것이다.

이와 같이 글씨(書)는 작가의 정감을 펼치는 예술 활동이기 때문에 작가의 정감의 변화에 다라서 형식도 달라지며 결과물인 작품도 서로 다른 의미를 지닌 형태로 나타나게 된다. 결국 예술로써의 글씨와 문자 전달로써의 글씨를 가름하는 관건은 작가의 정감이 작품 속에 얼마나 성공적으로 이입되었는가의 여부에 달려있다. 만약 정감의 이입 없이 내용에만 의존하여 감정을 자극하려 했다면 글씨는 예술로서의 의미를 잃어버렸을 것이다.

이러한 정감의 이입을 위해 작가는 다양한 형식을 동원한다. 모필이라는 재료의 특성으로 나타나는 선질(線質), 지속완급, 리

듬, 기(氣), 근골혈육, 장법 등등 한 작품 안에 이루 헤아릴 수 없는 여러 가지 형식을 함축적으로 표현함으로써 심미를 자극한다. 이때 적절한 형식이 사용되지 못하거나 표현이 미숙하다면 타인에게로의 감염력이 떨어지게 된다.

헤겔은 말한다. "적당한 형식이 결핍되어 있는 예술 작품은 참된 예술 작품이 아니며 내용상으로 좋은 작품이지만 올바른 형식이 사용되지 않았다는 평을 받는 예술가는 낙제점을 받는 것이다." 형식과 내용이 서로 알맞게 작용해야 참된 예술이라는 것이다.

우리가 글씨를 손으로 쓴다고 해서 모두 다 예술이 되는 것은 아니다. 글씨(書)에는 반드시 정감의 이입과 그에 따른 적절한 형식이 갖추어져야 한다. 그래야 보는 이를 감염시켜 풍부한 상상력을 생산해 내기도 하고 작가의 정감을 경험하도록 만들기도 한다. 이러한 필요충분조건을 만족시킬 수 있을 때 비로소 글씨가 예술로 인정받을 수 있다. 서양과 달리 동양에서 글씨(書)가 예술로써 인식 될 수 있었던 가장 큰 이유가 바로 여기에 있다. 그래서 누군가가 "왜 글씨가 예술인가?"라고 질문을 던지면 이렇게 말한다.

"글씨를 통해 당신을 감염시킬 수 있으니까요."

書　　法　　傳　　心

글 서　　법 법　　전할 전　　마음 심

호지자불여락지자 [好之者不如樂之者]

글씨는 즐겁게 써야 성취할 수 있다.

홍대 앞 번화한 길거리는 여기저기서 울려대는 노래 소리로 늘 시끌벅적하다. 계절마다, 때마다 울려 나오는 노래가 다 다르다 보니 어떻게 보면 인기 척도를 가르는 소리 없는 전쟁터요, 어떻게 보면 무료 음악 감상실이다. 이 시끌벅적한 동네에서 꽤나 오랫동안 지낸 적이 있다. 작업실이 이 번화가에 있었던 때문이다. 어느 날은 새로 가게가 오픈했는지 노래 소리가 평소와 다르게 거리가 떠나가라 울리며 작업실 내로 쉴 새 없이 쏟아져 들어왔다. 얼마나 계속 들었는지 지금도 그 노래 소리만 들리면 흥겨움에 몸이 즉각 반응한다. "진정 즐길 줄 아는 여러분이 이 나라의 챔피언입니다~~~." 싸이의 노래 〈챔피언〉이다.

《논어(論語)》에 '지지자불여호지자(知之者不如好之者) 호지자불여락지자(好之者不如樂之者)'라는 말이 나온다. '그것을 아는 사람은 그것을 좋아하는 사람만 못하고, 그것을 좋아하는 사람은 그것

을 즐기는 사람만 못하다'는 뜻이다. 여기서 즐긴다는 것은 앞
의 두 가지를 모두 얻은 후 이를 즐긴다는 것이다. 즐기는 사람
이 진정한 승리자인 셈이다.

글씨(書)도 즐길 수 있어야 한다고 말한다. 바로 조선 영조 때
문신이었던 배와(坯窩) 김상숙(金相肅)이 그 주인공이다. 그는 〈필
결(筆訣)〉에서 다음과 같이 말하고 있다.

무릇 서라는 것은 마음이 붓에 들어가는 것이니 마음과 손
가락은 붓대를 굳게 쥐어야 한다. 붓을 내려 쓰기 시작할 때는
세밀히 살펴야 하며, 붓을 움직일 때는 화하고 천천히 해야 한
다. 이렇게 하면 마음이 하나가 되고(집중되고), 하나(집중되면)가
되면 둘(흔들리지)이 되지 않으며, 둘(흔들리지)이 되지 않으면 미혹
되지 않고, 미혹되지 않으면 즐거우며, 즐거우면 싫증나지 않고,
싫증나지 않으면 오래 지속할 수 있으며, 오래 지속하면 이에 성
취하게 된다.

凡爲書者 心入于筆 心指固于握管 其下筆也 審而詳 其動筆也
범 위 서 자 심 입 우 필 심 지 고 우 악 관 기 하 필 야 심 이 상 기 동 필 야

和而緩 於是心乃一 一則不貳 不貳則不惑 不惑則樂 樂則不厭
화 이 완 어 시 심 내 일 일 칙 불 이 불 이 칙 불 혹 불 혹 칙 락 락 칙 불 염

不厭則久 久乃成焉
불 염 칙 구 구 내 성 언

글씨(書)를 쓸 때 마음이 흔들리지 않고 집중 한다면 미혹에 빠지지 않고 즐길 수 있다고 한다. 또 즐길 수 있으면 오래 지속할 수 있고 오래 지속하면 글씨의 성취를 맛 볼 수 있음을 이야기 하고 있다.

글씨를 쓰다보면 한 눈을 팔거나 정신을 딴 곳에 두어 붓이 시작부터 엉클어질 때가 있다. 또 쓰기에만 매몰되어 어깨가 굳거나 아픈 경우가 있다. 긴장해서다. 배와 선생의 말처럼 붓을 화하면서도 천천히 움직일 수 있는 상태는 정신이 붓 끝에 집중되어 있으면서도 여유가 있을 대 가능하다. 붓을 잡은 팔이 긴장하거나 정신이 집중되지 않은 상태에서는 이러한 붓의 움직임은 절대 나올 수 없다.

곧 정신을 집중하되 긴장하지 않은 상태여야 비로소 글씨 쓰는 것이 여유로워 질 수 있게 되고, 이렇게 되면 붓을 잡고 쓰는 일 자체를 즐길 수 있게 된다. 글씨 쓰는 일이 즐거워야 오래 쓸 수 있음은 당연지사다. 그리고 이를 지속할 수 있다면 반드시 이루게 될 것이다. 진정으로 글씨를 즐길 줄 아는 사람이 챔피언이다.

好 之 者 不 如 樂 之 者

좋을 호　어조사 지　사람 자　아니 불　같을 여　즐길 락　어조사 지　사람 자

불치하문 [不恥下問]

리버스 멘토링(reverse mentoring)이 필요하다.

　선배나 경험 많은 사람들이 스승역할이 되어 지도나 조언으로 실력을 향상시키는 일을 '멘토링'이라 한다. 동아리나 학교, 직장 혹은 삶을 살아가는 과정에서 자연스레 형성되기도 하고 인위적으로 만들어지기도 한다. 때에 따라서는 유명인이나 저명한 인물들의 삶이나 행동에 영향을 받아 이들을 멘토로 삼기도 한다.

　그런데 요즘 미국에서는 '리버스 멘토링(reverse mentoring)'을 도입해서 효과를 내는 기업들이 많다고 한다. 리버스 멘토링은 선배가 후배에게 해주는 멘토링이 아닌 그 반대의 멘토링이다. 예를 들면 기업의 신입사원이 임원들에게 SNS로 사회와 소통하는 법이나 새로이 유행하는 트렌드를 알려주는 것이다. 이 '리버스 멘토링'을 통해 경영진은 사회의 변화에 조금 더 적극적으로 대응할 수 있게 되었고, 기업은 새로운 활력을 얻거나 젊은 세대로 다가설 수 있는 반등의 기회를 얻을 수 있었다고 한다. 아랫사람에게 묻고 배우는 역 멘토링이 좋은 효과를 낸 것이다.

《논어(論語)》에 '민이호학(敏而好學) 불치하문(不恥下問)'이라는 말이 나온다. '영민하며 배우기를 좋아하고, 아랫사람에게 묻는 것을 부끄럽게 여기지 않았다.'는 뜻이다. 배우기를 좋아하는 사람이라면 자신이 모르는 것이 생겼을 때 자기보다 못하다고 여기는 사람에게라도 물어볼 줄 알아야 한다는 역설적 표현이다. 즉 지위고하를 막론하고 어떤 사람에게든 그 사람에게 배울 점이 있으면 물어보고 배워야 하며, 묻는 것을 부끄럽게 여기지 않아야 배움을 얻을 수 있다는 것이다. 오늘날로 치면 일종의 '리버스 멘토링(reverse mentoring)'인 셈이다.

하지만 자신 스스로 어느 정도 위치에 올랐다고 생각되면 공부에 대한 초심을 지키는 것보다 체면에 연연하게 되는 것을 종종 볼 수 있다. 거기에다가 강의라도 맡게 되면(선생이라는 타이틀을 얻게 되면) 체면치레는 더욱 심해진다. 이때부터는 무엇을 배우는 것 자체를 힘들어 한다. 마치 배움이 자신의 체면이나 위치를 깎아 내리는 것이라고 생각하는 듯 보인다. 그리고 자신이 모든 것을 다 아는 양, ~척하게 된다. 그래서 자리가 무섭다고들 하나 보다.

글씨(書)라는 것은 끊임없이 배우고 배워야하는 예술이다. 모르는 것이 있다면 선생님에게, 동료에게, 나아가 자신이 가르치는 학생에게라도 묻고 배워야 한다. 이를 실천하지 못하면 자

신이 모르는 것에 대해서는 철저하게 무시로 일관할 수밖에 없
다. 이렇게 되면 질투와 시샘으로 사고의 유연성은 뚝 떨어지
게 되며, 마침내는 비평이 아닌 비난을 쏟아내게 된다. 스스로
에게 독이 되는 줄도 모른다. 이렇게 해서는 결코 앞으로 나아
갈 수 없다.

'후생가외(後生可畏)'라 했다. 모르면 묻고 또 물어서 원리와 이
유를 파악해야 한다. 그 질문의 대상이 지위의 고하를 떠나 누
가 되었든지 상관없다. 질문에 대한 해답을 얻음으로써 글씨가
발전하고, 스스로도 발전할 수 있다면 말이다. 지금은 '불치하
문(不恥下問)'도 '리버스 멘토링(reverse mentoring)'도 모두 필요한 시
대다.

不　恥　下　問

아닐 **불**　부끄러울 **치**　아래 **하**　물을 **문**

곡돌사신 [曲突徙薪]

글씨도 미리 실패의 화근을 없애는 것이 중요하다.

겨울철만 되면 자주 등장하는 성어가 '곡돌사신(曲突徙薪)'이다. 《한서(漢書)》에 나오는 말로 풀이하면 '굴뚝을 구부리고 땔나무를 다른 곳으로 옮긴다'는 뜻이다. 애초부터 화근이 될 만한 것을 없애 화를 방지하라는 의미로 생각하면 쉽겠다.

글씨(書)도 실패를 방지하기위해 사전에 여러 방비책을 갖추어 놓는다. 예를 들면 기필에서 '역입'하고 수필에서 '회봉'하는 것이 그렇다. 붓이 시작될 때 '역입'을 하는 이유는 붓끝이 튀어나오는 현상을 미연에 방지하고자 함이고, 필획을 마무리할 때 '회봉'을 하는 이유는 다음 획을 미리 준비하고자 함이다. 이처럼 준비된 예비 동작이 없다면 글씨는 성공적으로 완성될 수 없다.

그런데 붓의 여러 예비 동작들 중 일반인들에게는 생소하다고 여겨질 수 있는 조금은 독특한 동작이 있다. 바로 '공중요필(空中搖筆)'이라고 불리는 것이다. 붓은 대부분 종이와 맞닿아야 어떠한 행위나 작업, 만듦이 이루어지는데 '공중요필'이라는 것은 붓이 종이에 떨어지기 전 공중에서 미리 준비하는 행위다. 붓을 쓰는 작가가 무슨 초능력자도 아니고, 염력을 쓰는 것도 아닌데 공중에서 붓털을 어떻게 준비시키느냐고 할지도 모르겠다.

실제로 이 말 때문에 90년대에 서예가와 평론가사이에 논쟁이 붙어 당시 서예계가 발칵 뒤집어 졌었던 일이 있었다. 기억하기로는 서예가가 '공중역입'이라는 글을 쓴 것이 발단되어 평론가에 의해 인사동에 외계인이 나타났다는 말로 번져나갔던 것으로 기억한다. 아마 서예가는 '공중요필'의 뜻을 조금 확대해서 말한 듯싶고, 평론가는 확대해석을 경계한 것이 아닌가 싶다.

어쨌든 '공중요필'이란 말은 이미 오래전부터 전해져 왔다. 왕희지가 썼다고 전해지는《제위부인필진도후(題偉夫人筆陣圖後)》에 '기점공중요척필작지(其點空中搖擲筆作之)'라는 말이 나온다. '점은 붓을 공중에서 흔들고 던져야 만들어진다'는 뜻이다. 공중에서 붓을 흔드는 동작을 통해 붓이 지면에 닿을 준비를 미리 한다는 말이다. 또 청나라 주이정(朱履貞)은《서학첩요(書學捷要)》에서 '용필반선공중(用筆盤旋空中) 작세시야(作勢是也)'라고 해서 '붓을 공중에서 돌리는 것은 세를 만드는 것이다'라는 말을 하고 있다.

이 글들을 보면 붓이 지면에 닿기 전 미리 공중에서 붓의 움직임이 있어야 하고 또 이러한 행위가 '세(勢)'를 확보하기 위해서라는 연유를 밝히고 있다. 이로 미루어보아 글씨 쓰는 사람들 사이에서는 이미 오래전부터 '공중요필'의 필요성을 인식하고 있었음을 알 수 있다.

결국 이와 같이 공중에서 미리 이뤄지는 붓의 행위는 어떻게 보면 작가의 기세나 필세를 표현하기 위한 계획된 예비 동작이라고도 볼 수도 있고, 또 일종의 '역입'의 준비 동작이라고도 생각할 수 있다. '공중'이라는 말 때문에 이를 곡해해서 초능력이나 염력, 심지어 외계인이라고까지 할 일은 아니지 싶다. 그저 점획을 성공적으로 쓰기 위한 예비 행위 또는 실패를 미연에 방지하기 위한 준비 동작 정도라고 이해하면 좋을 것이다. 글씨도 실패의 화근을 미리 없애는 것이 중요하므로.

曲　突　徙　薪

굽을 **곡**　　굴뚝 **돌**　　옮길 **사**　　섶 **신**

삼계 [三戒]

글씨의 학습과정에서 경계해야 할 세 가지.

《논어》에 군자가 경계해야 할 세 가지(三戒)에 대해 언급하고 있는 것을 볼 수 있다.

첫째, 젊었을 때는 혈기가 안정되어 있지 않으므로 여색을 경계해야 하며,

少之時 血氣未定 戒之在色
소 지 시   혈 기 미 정   계 지 재 색

둘째, 장년에는 혈기가 바야흐로 왕성하므로 싸움을 경계해야 하며,

及其壯也 血氣方剛 戒之在鬪
급 기 장 야   혈 기 방 강   계 지 재 투

셋째, 노년에는 혈기가 이미 쇠하였으니 물욕을 경계해야 한다.

及其老也 血氣旣衰 戒之在得
급 기 노 야   혈 기 기 쇠   계 지 재 득

당시의 이와 같은 삼계(三戒)가 오늘의 시대에 반드시 꼭 들어 맞는 말은 아니라 할지라도 분명 여전히 유효한 부분이 있음은 부인하지 못한다. 뉴스에서 등장하는 각종 스캔들이 모두 삼계에서 이야기하고 있는 것들임을 보면 그렇다. 어쩌면 오늘에 더 명심해야 할 말이 아닐지 모르겠다.

글씨(書)를 쓰는데 있어서도 삼계(三戒)가 있다. 명나라 항목(項穆)이 지은 《서법아언(書法雅言)》에 등장하는 말이다.

첫째, 처음 분포를 배울 때는 균정하지 못한 것과 기울어진 것을 경계해야 하고,

初學分布 戒不均與欹
초 학 분 포   계 불 균 겨 의

둘째, 계속해서 규구를 알게 되면 활달하지 못한 것과 정체되는 것을 경계해야 하고,

繼知規矩 戒不活與滯
계 지 규 구   계 부 활 여 체

셋째, 마침내 능숙하게 되면 광괴(狂怪)한 것과 속된 것을 경계해야 한다.

終能成熟 戒狂怪與俗
종 능 성 숙   계 광 괴 여 속

※규구(規矩)란 글씨 쓰는 법을 뜻한다. 본래 규구는 목수가 필수적으로 가지는 도구로, 규(規)는 원을 그리는 컴퍼스이며,

구(矩)는 사각형을 그리는 곱자다. 이 규구는 통치의 상징으로 법을 의미하는데 중국의 복희(伏羲)와 여와(女媧)가 손에 들고 있는 것도 규구다.

처음 글씨(書)를 배울 때는 공간을 반드시 균등하면서 바르게 쓰도록 하며, 글씨가 한쪽으로 기울어지거나 일그러지지 않도록 하고, 나아가 글씨의 법도를 알게 되면 그 법(틀)에만 얽매여 글씨가 꽉 막히고 답답해지는 것을 경계해야 한다고 말하고 있다. 그리고 이러한 모든 과정을 거쳐 글씨가 능숙해 지면 글씨를 미친 듯이 날려 쓰거나 글씨가 속되게 되는 것을 피해야 한다고 강조하고 있다. 글씨에 기교가 가득하면 천박한 글씨가 된다는 의미다.

《서법아언(書法雅言)》의 이 글은 글씨의 학습 단계에 대한 설명임과 동시에 글씨를 쓸 때 경계해야 할 부분을 콕 찍어 이야기한 주옥과도 같은 글이다. 근래 글씨를 바르게 쓰지도 못하면서 기교만 부려 천박해지는 글씨를 많이 볼 수 있다. 개인이 취미로 삼아 쓰는 부분에 대해서까지 뭐라 말하거나 탓할 수는 없지만, 적어도 취미의 단계를 넘어서는 사람들이라면 글씨의 삼계(三戒)에 대해 진지하게 고민해 보아야 한다. 특히 광괴한 글씨는 천박함으로 바로 연결됨을 명심해야 한다. 자신을 뽐내고자 미친 듯이 쓰는 글씨가 좋아 보이거나 혹은 보는 이를 잠시 현혹시킬 수는 있어도 오래 가지는 못한다. 광괴한 글씨는 글씨(書) 예술의 본질이 아니며, 진실은 항상 드러나기 때문이다.
　삶도 글씨도 늘 경계하고 경계함이 마땅하다. 삼계(三戒)가 주
는 교훈이다.

三　戒
석 **삼**　경계할 **계**

득심응수 [得心應手]

마음에 따라 손이 응해야 한다.

취미로 요리를 배울 때 일이다. 스파게티를 배우고 나서 요리 선생님의 말씀대로 연습도 할 겸 겸사겸사 집에서 스파게티를 만들어 먹고는 했다. 처음 보는 일에 안사람도 놀라는 눈치였지만 곧잘 맞장구를 쳐주었다. 도구와 순서가 어느 정도 손과 마음에 익고 나서는 속도도 빨라졌을 뿐 아니라 모양도 그럴 듯해져 갔다. 처음엔 마음 따로 손 따로 어찌할 바를 모르겠더니 요리가 익숙해지니 마음 가는 데로 손이 따라와 요리가 되는 신기한 일이 벌어진 것이다.

《장자(莊子)》에 '득수응심(得手應心)'이라는 말이 나온다. '수레바퀴를 깎을 때 헐겁지도 빡빡하지도 않게 해야 하는데, 그러한 것은 손에 익히고 얻어 마음이 응하는 것이지 입으로 표현하기에는 어려움이 있다(不徐不疾 得之於手而應於心 口不能言)'는 구절에서 나온 말이다. 이 고사는 자신의 경험과 노력으로 손에 능숙하게 익히는 일이 중요하다는 의미다. 즉 손이 가는 대로 따라가도 마음이 이에 응한다는 것이다.

미묘한 차이지만 글씨(書)에서는 '득수응심(得手應心)'이 아닌 '득심응수(得心應手)'를 이야기한다. 청나라 주성연(周星蓮)이 쓴 《임지관견(臨池管見)》에 나오는 말이다.

폐지와 망가진 붓으로도 뜻에 따라 글을 써 내려가면 왕왕 마음에 따라 손이 응할 때가 있다.

廢紙敗筆 隨意揮灑 往往得心應手
폐 지 패 필 수 의 휘 쇄 왕 왕 득 심 응 수

재료의 좋고 나쁨을 떠나 '마음에 따라 글을 쓰면 손도 이에 응해서 움직인다'는 뜻이다. 글씨(書)에서 '손(手)'보다 '마음(心)'을 앞에 놓는 이유는 마음속에 먼저 글자의 점과 획을 어떻게 처리하고, 글자를 어떻게 구성할 것인가가 설계되어 있어야 하기 때문이다. 이런 연후에 글씨를 쓰게 되면 붓을 잡은 손은 마음의 움직임에 따라 장단을 맞추면서 움직이게 된다. 마치 물이 흘러가듯 자연스럽고 막힘없는 글씨를 쓰게 되는 것이다.

여기에는 반드시 전제가 따른다. 손이 붓을 능숙하게 다룰 수 있어야 한다는 전제 말이다. 마음이 아무리 충만해도 손이 어설프다면 마음이 뜻하는 바를 표현해 낼 수 없음은 당연한 일이다. 어설픈 붓 다루는 솜씨로는 좋은 글씨, 좋은 작품이 나올 턱이 없다. 마음을 받아 줄만큼 손이 움직이려면 각고의 노

력과 연마의 시간이 필요하다. 이러한 연습이 있고난 후에야
자신이 마음먹은 대로 손이 같이 움직일 수 있게 되는 것이다.

　글씨(書)를 쓸 때 마음만 준비되면 손이 서툴러 글씨를 망치
게 되고, 마음 없이 손만 준비되었다면 속(俗)되거나 광괴(狂怪)
한 글씨에 빠지게 될 가능성이 농후하다. 마음과 손, 둘 다 준
비 되었을 때 마음으로부터 시작되어 손이 호응해야 비로소 좋
은 글씨, 좋은 작품이 이루어질 수 있다.

　마음과 손 모두 중요하지만 무엇으로부터 시작되는가에 따라
글씨의 격이 달라질 수 있다.　글씨에서 '마음(心)'을 앞에 놓는
이유다.

得　　心　　應　　手

얻을 **특**　　마음 **심**　　응할 **응**　　손 **수**

행이불저 [行而不著]

왜 그렇게 써야만 하는지 이유를 밝히고 살펴라.

　작업실로 찾아오신 분이 이야기 도중 난데없이 작품을 해왔다며 고이 접은 종이 한 장을 내밀었다. 내민 종이를 조심스레 받아들고 슬쩍 안색을 살피니 은근한 기대감과 나름의 자부심이 옅게 배어있었다. 작품은 커다랗게 쓴 짧막한 단어를 중심으로 왼쪽 위로 두인(頭印)과 단어 밑으로 관지(款識), 그리고 마지막에 아호인(雅號印), 성명인(姓名印)을 찍은 것을 볼 수 있었다. 우선 열심히 하셨다는 의례적인 말을 나누고 찬찬히 살펴보니 아쉬운 점들이 눈에 들어오기 시작했다. 이 부분들에 대해 이야기를 꺼내야 하나 말아야 하나 망설이다가 용기를 내어 질문 하나를 던졌다. "두인은 이곳에 왜 찍어 놓으신 거죠?" 질문에 대한 답을 듣고는 그저 멋쩍게 웃을 수밖에 없었다. 그 대답은 "남들도 다 찍던데요, 그냥 멋있자나요."였다. 이유도 모르고 남들이 하는 건 다 따라할 기세였다.
　《맹자(孟子)》에 다음과 같은 갈이 나온다.

그것을 행하면서 이유를 밝히지 못하며, 익숙하나 이유를 살
피지 않는다. 종신토록 그것을 따르나 그 도를 알지 못하는 것
이 대중들이다.

行之而不著焉 習矣而不察焉 終身由之而不知其道者 衆也。
행 지 이 불 저 언 습 의 이 불 찰 언 종 신 유 지 이 불 지 기 도 자 중 야

행하지만 왜 그렇게 행해야 하는지 분명한 이유를 밝히지 못
하고, 또 무엇을 열심히 익히거나 이미 그것에 익숙해 있지만
왜 그런지 까닭을 살피거나 이유도 모른 채 그저 남들이 하는
대로 따라하고 있다는 말이다.

글씨를 배우는 학생들 중에도 아무 생각 없이 글씨를 쓰거나,
이유도 없이 '남들이 하니 나도 해야지'라고 무조건 따라하는
경우가 종종 있다. '한 획을 긋더라도 거기에는 납득할 만한
이유가 있어야 된다'라고 누누이 강조하고 또 강조하는데도 말
이다.

글씨(書) 공부에 있어 분명한 이유를 밝히는 일은 매우 중요
하다. 예컨대 붓은 어떻게 잡아야 하며 그 이유는 무엇인지, 중
봉과 역입, 회봉은 왜 지켜져야 하는지, 또 임서의 목적과 방법
은 무엇이며, 인장(印章)은 어디에 어떻게 왜 찍는 것인지 등등
그 이유와 원리를 명확하게 알아야 한다. 또 글씨(書)가 예술이
라고 하는데 왜 예술인지, 예술이 되는 근거는 무엇인지 밝히
고 인지하고 있어야 한다. 이것은 배우는 사람으로서 갖춰야할

의무며 책무다. 그냥 남들이 다 그렇게 하니까 따라하거나 '그런가 보다'라는 생각을 갖는 것은 학생의 본분을 잊은 무책임한 행동이다.

무엇을 어떻게 공부해야 하는지 그리고 그 원리와 이유는 무엇인지 근거를 밝혀내고 연구하는 것이 글씨 공부의 첫째다. 그렇지 않으면《맹자》에 나오는 글귀처럼 종신토록 이유도 모른 채 상황에 익숙해져 남들이 하는 대로, 하자는 대로 따라만 가게 된다.

지금이라도 늦지 않았다. 글씨를 씀에 왜 그렇게 써야 하는지 분명한 이유를 밝히고, 이미 그것에 익숙해 있더라도 왜 그러한지 그 이유와 까닭을 살펴나가야 한다. 그래야 제대로 된 글씨(書) 문화가 정착되고 발전할 수 있다.

글씨는 길게 보고 걸어가야 한다. 언제까지 글씨 콘셉트 설명이나 흥미위주의 '똥'을 '똥'처럼, '꽃'을 '꽃'처럼 쓸 수 있다는 이야기만 계속 하고 있을 수는 없기 때문이다.

行　而　不　著

다닐 **행**　　말이을 **이**　　아니 **불**　　나타낼 **저**

아즉불가 [我則不暇]

글씨를 배울 때는 남을 평가할 겨를이 없다.

  글씨(書)를 쓰는 직업을 가진 사람들을 만나다보면 어쩔 수 없이 대화의 주제가 글씨로 쏠리게 된다. 자주 만나는 사이가 아닌 이상 시시껄렁한 이야기로 대화를 이어가기에는 한계가 있고, 또 정치와 종교얘기는 금물이니 서로간의 공통관심사인 글씨 이야기로 자연스레 옮겨갈 수밖에 없다. 그러다보면 다른 사람들이 쓴 글씨에 대한 평가를 종종 듣게 되는데, 자칭 타칭 예술가들이다 보니 쏟아내는 이야기들이 자못 걸쭉하다.

  늦은 봄바람이 심하게 불던 어느 날, 저녁약속이 급작스레 생겨 작업실 근처 음식점에서 지인과 자리하게 되었다. 그런데 여느 때와 달리 뒷좌석에서 나누는 시끌벅적한 이야기에 밥이 코로 넘어가는지 입으로 들어가는지 모를 지경이 되었다. 아마도 캘리그라피를 하는 젊은 친구들이 오랜만에 만나 분위기가 한껏 달아올랐던 모양이다. 그들은 여러 사람의 글씨에 대해 평가하며 이를 안주 삼아 즐겁게 대화 중 이었다. 급기야는 이름 석 자가 오르내리더니 역시나 그들의 좋은 안주꺼리가 되었다. 뒤통수가 화끈거렸음은 물론이다.

이렇게 사적인 모임에서 글씨가 안주로 올라 이리저리 평가되고 너덜너덜 해지는 것쯤이야 충분히 괜찮다. 어떻게 보면 바람직한 현상일 수도 있다. 나름 비평의 연습이니 말이다. 하지만 어떤 소속으로 인해 끼리끼리 나뉘어 서로 유쾌하지 않은 말과 평가들이 오가는 것은 위험하다. 특히 사이버 공간에서 감정 섞인 글들이 오가는 것을 볼 때면 서로에 대한 불신과 감정이 차올라 위태롭기까지 하다. 비평과 비난은 천지차이기 때문이다.

《논어(論語)》에 다음과 같은 말이 나온다.

자공이 사람들을 비교하자 공자가 말하기를 사(자공)는 똑똑한가보다. 나는(내 공부도 벅차서) 그럴 겨를이 없는데

子貢方人 子曰 賜也賢乎哉 夫我卽不暇
자 공 방 인 자 왈 사 야 현 호 재 부 아 즉 불 가

자공이라는 사람이 주변 사람들을 비교하거나 비평하는 버릇이 있었나 보다. 그러자 공자가 그의 태도를 지적하고 경계한 말이다. 공부하기도 바쁜데 쓸데없는 짓 하지 말라고 말이다.

글씨(書)를 공부하다보면 자신의 글씨와 타인의 글씨를 비교하게 된다. 배우는 과정에서는 늘 일어나고 겪는 일이니 새삼

스러울 것도 없다. 단지 이때 중요한 것은 타인의 글씨에서 단점을 찾는 것이 아니라 장점을 찾아내 타인의 장점을 자신의 것으로 만들어야 한다. 눈에 불을 켜고 타인의 글씨에서 단점을 찾으려고만 한다면 당연히 장점은 보이지도 않게 될뿐더러 글씨를 보는 눈은 제 기능을 잃어버리게 된다.

만약 눈에 불을 켠 끝에 타인의 글씨에서 꼬투리라도 하나 잡게 되면 그것이 침소봉대가 되어 머릿속은 편견으로 가득 차 냉정을 잃고 만다. 거기에 더해 여러 사람 앞에서 자랑삼아 이를 떠벌리기라도 하게 되면 마치 자신이 그들 위에 있는 양 자만심과 착각에 빠지게 된다. 여기에 중독되면 냉철하고 논리적으로 생각해야 할 판단력이 자신의 욕망에 가려 그 기능을 점점 상실하게 된다. 글씨를 배울 때 가장 경계해야 할 일이 발생하게 되는 것이다.

글씨를 배울 때는 겸손해야 한다. 어떻게 해서든 좋은 글씨를 보려고 노력해야 하며, 장점을 찾는데 심혈을 기울여야 한다. 어쩔 수 없이 타인의 글씨에 대한 평가나 비평을 해야 할 경우에는 경험적 논거나 이론적 근거를 바탕으로 해야 함을 잊으면 안 된다. 또한 그 이유와 근거들은 반드시 논리적으로 합당해야 함도 말이다. 그래야 비평을 받아들이는 사람도 수긍할 수 있다. 논리가 아닌 감정을 앞세운 비평은 비난이 될 가능성이 농후하기 때문이다.

비평은 반드시 필요하다. 하지만 글씨의 학습을 이어가고 있는 과정 중에는 남을 평가할 겨를이 없다. 공부하기도 벅차다. '아즉불가(我卽不暇)'다.

我　則　不　暇
나 아　곧 즉　아니 불　겨를 가

인십기천 [人十己千]

남이 열 번 쓰거든 천 번을 써라.

어려서부터 지금까지 '빠릿빠릿하다'는 소리를 들어본 적이 없다. 좋게 말하면 신중한 것이고 안 좋게 말하면 굼뜨거나 둔한 것일 게다. 그래서 지금도 번뜩이는 아이디어와 때에 따라 민첩하게 움직이는 친구나 동료를 볼 때면 늘 부럽다는 생각이 머리를 떠나지 않는다. 부러우면 지는 것이라지만 어쩔 수 없다. 그나마 다행인 것은 어떤 일에 집중하게 되면 그것이 될 때까지 해야 하는 끈기와 인내심은 남들보다 뒤처지지 않았다는 점이다.

《중용(中庸)》에 다음과 같은 글이 나온다.

배우지 않으면 몰라도 배우기 시작했다면 능해질 때까지 그만두지 않아야 하며, 묻지 않으면 몰라도 묻게 되면 정확히 알 때까지 그만두지 않아야 하며, 생각을 하지 않으면 몰라도 생각을 하게 되면 얻어지는 것이 있을 때까지 그만두지 않아야 한다. 분별하지 않으면 몰라도 분별하기 시작했다면 명백할 때까지 그만두지 않아야 하며, 행하지 않으면 몰라도 행한다면 착실하게 행하지 않고서는 그만두지 않아야 한다. 남이 한 번에 능(익숙) 할 수 있으면 자기는 백 번을 하고, 남이 열 번에 능(익숙) 할 수 있으면 자기는 천 번을 해야 한다. 마침내 이 방법에 능(익숙)해지면 비록 어리석더라도 반드시 밝아지며, 비록 유약하더라도 반드시 강해진다.

有弗學 學之 弗能弗措也 有弗問 問之 弗知弗 措也 有弗辨 辨之
유불학 학지 불능불조야 유불문 문지 불지불 조야 유불변 변지

弗明弗措也 有弗行 行之 弗篤弗措也 人一能之己百之
불명불조야 유불행 행지 불독불조야 인일능지기백지

人十能之己千之 果能此道矣 雖愚 必明 雖柔 必强
인십능지기천지 과능차도의 스우 필명 수유 필강

이 글은 글씨(書) 공부에 그대로 적용된다.

글씨(書)에 입문했다면 잘 쓸 수 있을 때까지 끊이지 않고 계속 연습해야 하며, 글씨에 대해 의문이 생긴다면 선생님이나 동료, 선후배를 막론하고 의둔이 풀릴 때까지 계속 묻고 답을 얻어야 한다. 그리고 글씨 쓰기의 원리나 법칙, 자형의 결구 등에 대해 생각하고자 한다면 신중하게 깊이 생각하고 또 생각해서 이에 대한 해답이나 깨달음을 얻을 때까지 생각을 멈추지

말아야 한다.

글씨의 잘 됨과 잘못된 바를 판단하기 시작했다면 이론적 근거와 이유로 명명백백하게 판단해야 하며, 글씨를 쓰거나 연습할 때는 차근차근 착실히 앞으로 나아가야 한다. 뒤를 돌아보거나 옆을 돌아보지 말아야 한다. 그래야 글씨에 천착(穿鑿)할 수 있다.

만약 남이 한 번에 쓸 수 있다면 자신은 백번을 써서 능숙하도록 해야 하며, 남이 열 번에 쓸 수 있다면 자신은 천 번을 써서 능숙하도록 만들어야 한다. 이러한 노력이 더해지면 비록 글씨를 배우는데 조금 늦거나 민감하지 못한 사람도 반드시 글씨에 대한 깨달음을 얻을 수 있으며, 글씨를 잘 쓰지 못한다고 여겨지는 사람도 이러한 방법이 익숙해지면 반드시 글씨를 잘 쓰는 명가의 반열에 오를 수 있다.

《중용》에서 말하는 박학(博學), 심문(審問), 신사(愼思), 명변(明辨), 독행(篤行), 인십기천(人十己千), 이들 모두는 글씨(書) 공부의 기초이자 핵심이며, 나아가 프로가 되는 방법이다.

人　十　己　千
사람 **인**　열 **십**　몸 **기**　일천 **천**

래자불거 [來者不拒]

흘러가고 흘러오는 필세(筆勢)를 막지 마라.

글씨(書)를 가르치다 보면 많은 학생들을 만나게 된다. 각 단계별 과정이 끝나면 다른 선생님을 찾아가는 학생도 있고 다른 선생님에게 배우다 오는 학생도 만나게 된다. 수업시간에도 글씨는 여러 선생님에게 배우는 것이 좋다고 독려하기도 한다. 그래야 여러 선생님들의 장점을 모아 자신의 글씨에 반영할 수 있고, 빠르게 자신의 글씨를 발전시킬 수 있기 때문이다. 만약 한 분의 선생님만을 추종하다보면 선생님의 글씨만을 그대로 따라 쓰게 되는 노서(奴書, 글씨노예)가 될 가능성이 농후하다. 도제식 글씨 교육의 최대 단점이다.

그런데 들리는 소문에 의하면 다른 선생님에게 배웠던 학생은 안 받는다는 곳도 있고 또 글씨는 한 사람 밑에서 배워야 하는 도제식 교육이어야 한다고 우기는 곳도 있다는 소리도 들린다. 왜 그런지는 모르겠지만 옛 선인들이 들었다면 혀를 찼을 일이다.

《맹자(孟子)》에 '왕자불추(往者不追) 래자불거(來者不拒)'라는 말이 나온다. 쉽게 말하면 '가는 사람 안 붙잡고, 오는 사람 막지 않는다'는 말이다. 진심으로 배우고자 하는 마음을 가지고 오면 받아들일 뿐이라는 맹자의 교육관을 단적으로 보여준다. 오늘날에는 사람 사이의 관계 맺음을 대표하는 말로도 쓰이고 있다.

글씨(書)를 논하는 말 중에도 '왕자불추(往者不追) 래자불거(來者不拒)'와 같은 뜻을 가진 말이 있다. '세래불가지(勢來不可止) 세거불가알(勢去不可遏)'이 그것이다. '필세가 오는 것을 멈출 수 없고, 필세가 가는 것을 막을 수 없다'는 말이다. 즉 필세가 자연스레 오고 가는 것을 막지 말라는 말이다. 한나라 때 사람인 채옹(蔡邕)이 지은 〈구세(九勢)〉에 나오는 말로, 이 글의 원문을 살펴보면 다음과 같다.

대저 글씨는 자연에서 비롯되었으니, 자연이 이미 섰음에 음양이 생겨났고, 음양이 이미 생김에 형세가 나타났다. 붓의 머리를 감추고 꼬리를 보호하며 힘이 글씨의 가운데에 있고, 붓을 내림(글씨를 쓰기 시작할 때)에 힘을 주어 쓰면 피부(획)가 아름답게 된다. 고로 말하기를 필세가 오는 것을 멈출 수 없고, 필세가 가는 것을 막을 수 없으며, 오직 붓이 부드러운 즉 기괴함이 생겨난다.

夫書肇于自然 自然旣立 陰陽生焉 陰陽旣生 形勢出矣 藏頭護尾
부서조우자연 자연기립 음양생언 음양기생 형세출의 장두호미

力在字中 下筆用力 肌膚之麗 故曰 勢來不可止 勢去不可遏
역재자중 하필용력 기부지려 고왈 세래불가지 세거불가알

惟筆軟則奇怪生焉
유필연칙기괴생언

　채옹의 위 글은 워낙 유명하다. 그래서 서예를 하거나 글씨를 쓰는 사람이라면 기본적으로 들어보거나 알고 있다. 그냥 글씨에 관심 있는 웬만한 사람들이라면 다 알고 있다고 보면 된다. 특히 글씨는 자연에서 비롯되었다는 '서조자연(書肇自然)'이나, 붓 머리를 숨기고 꼬리를 보호하라는 '장두호미(藏頭護尾)'는 글씨를 논하는 자리에 빠지지 않고 등장하는 단골손님이기도 하다.

　'서조자연'이나 '장두호미' 만큼 중요한 부분이 '필세가 오고 가는 것을 막지 말라'는 부분이다. 오가는 필세를 억지로 멈추거나 막으면 글씨의 흐름이 끊어지게 된다. 글씨에 맥이 끊겼다는 평도 바로 흐름이 끊어졌다는 말이다. 흐름이라는 것은 작게는 한 글자 안에서 이루어지는 점획 사이의 호응이며, 이를 조금 더 확장시키면 글자와 글자사이의 자연스런 연결을 뜻한다. 그리고 더 나아가서는 문장 전체가 하나로 막힘없이 연결되는 것을 흐름이라고 한다.

글씨를 처음 쓰는 초보자들의 경우 글씨의 흐름이 자주 끊기는 것을 볼 수 있다. 여러 이유가 있겠지만 그 중 하나는 붓에 먹물을 묻히는 방법이 잘 못되어 나타나는 경우가 있다. 예컨대 획을 쓸 때마다 붓에 먹물을 계속 발라 쓰거나 아니면 한 글자를 쓸 때 중간에 붓을 떼고 다시 먹물을 묻혀 쓰는 경우가 그렇다. 이렇게 되면 글씨를 쓰는 호흡도, 글자와 글자사이의 연결 흐름도 모두 끊기게 된다. 자연스레 흘러오고 흘러가야 하는 필세가 막히는 셈이다.

필세와 흐름이 막히게 되면 글씨 예술이라는 본질이 사라지게 된다. 예술이라는 본질이 사라지게 되면 글씨를 쓴다는 행위는 단지 글자를 순서대로 널어놓는 것에 불과하며 의미 전달의 기능만 하게 될 뿐이다. 글씨의 흐름이 중요한 이유다.

사람이나 글씨나 흘러오고 흘러가는 관계를 억지로 막아서는 안 된다. 자연스레 받아들이고 떠나보내야 한다. 사람의 관계 맺음이나 글씨의 필획의 관계 맺음이나 같다.

來　者　不　拒

올 **내**　사람 **자**　아닐 **불**　막을 **거**

발묘조장 [拔苗助長]

캘리그라피는 숙성의 시간이 필요하다.

도시 속에서 사는 사람들은 흙을 밟거나 손으로 만질 수 있는 기회가 그리 많지 않다. 그래서 조그만 텃밭을 임대하기도 한다. 처음 텃밭을 가꾸게 되면 호미도 구입하고 땅도 갈고, 거름도 주며 작물들이 자랄 수 있는 환경을 만들어주기 위해 최선을 다한다. 이렇게 잘 가꾸어 놓은 텃밭에 따뜻한 볕이 들기 시작하면 상추나 고추, 토마토 등 원하는 작물들의 모종을 정성스레 심는다.

모종이 심어졌으면 이후에는 땅과 시간이 모종을 보살피고 길러낸다. 자연이 관장하는 시간이다. 이때 사람이 할 수 있는 일은 제때 물을 주고 지켜보는 일 밖에 없다. 그래서 처음 텃밭을 가꾸는 사람들에게는 이 시간이 고역이다. 매일 쳐다봐도 자라지 않는 것처럼 보이는 작물을 보면서 자꾸만 손을 대고 싶은 유혹에 빠지게 된다. 이 기다림의 시간만 넘기면 주체할 수 없을 정도로 잘 자란다는 것을 미처 경험해 보지 못했기에 말이다.

《맹자(孟子)》에 '발묘조장(拔苗助長)'이라는 말이 나온다. 중국 송(宋)나라의 어느 농부가 모내기를 한 후 벼가 자라지 않는 것 같아서 빨리 자라라고 벼의 순을 하루 종일 잡아 뽑은 다음 저녁에 집에 돌아와 이를 자랑삼아 이야기하자 놀란 가족들이 다음날 논에 가보니 벼가 모두 죽어있었다는 이야기에서 비롯된 말이다.

캘리그라피는 기초를 익히고 수련하는 시간이 사람들이 생각하는 것보다 더 많이 필요하다. 처음에 붓을 움직이는 법, 붓이 종이의 저항을 이기는 법, 획을 내는 법, 글자꼴을 구성하는 법, 장법을 계산하는 법 등등 머릿속으로 세어지지 않을 만큼 많고 복잡한 기초를 자신의 것으로 만들어야 하기 때문이다.

그리고 또 필요한 것이 있다. 바로 숙성의 시간이다. 김치를 아무리 좋은 재료로 담갔다고 해도 숙성이 잘 못 되면 아무런 소용이 없다. 글씨(書)도 마찬가지다. 캘리그라피를 매일같이 연습하고 쓴다고 해서 계속 늘거나 발전되지 않는다. 배우고 익힌 기초들이 푹 익어 하나로 뭉뚱그려지는 시간이 필요하다.

선생님과 학생은 이 시간을 느긋하게 기다릴 수 있는 여유가 있어야 한다. 선생님은 학생들이 배우는 기초가 뿌리를 잘 내릴 수 있도록 보듬고 지켜봐 줘야 하며, 학생이 보채거나 떼를 써도 기다릴 수 있도록 이해시키고 다독여 주어야 한다. 꽃과 열매가 잘 열리고 영글 수 있는 안정적인 상태가 될때까지 말이다. 이것이 글씨를 가르치는 선생님의 역할이다.

하지만 현실은 꼭 그렇지만은 않은 듯 보인다. 오히려 선생님들이 시간에 쫓겨 학생들에게 '빨리빨리'를 외치고 심지어는 작가의 흉내를 내보라고 조장하기도 한다. 그 결과 마치 어린 아이가 화장한 듯 어색한 글자들과 온갖 기교로 가득 차 있는 글씨들이 좋은 것인 양 포장되어 떠돌아다닌다.

이런 글씨들이 옳은 것이라 여기게 되고 믿게 된다면 학생들은 더 이상 발전하지 못하고 도태되거나 아니면 작가라는 미명 아래 더 광괴(狂怪)한 글씨로 나아가게 된다. 조금 더 차분해 질 필요가 있다. 멀리보고 오래가야 한다. 캘리그라피는 그런 것이다.

벼는 익을수록 고개를 숙인다. 자신이 발묘조장(拔苗助長)' 된 것은 아닌지, 내 안에 작가로서의 창작능력이 가득 차 있는지, 남을 가르치는데 있어 학식이나 교육관이 있는지 스스로 뒤돌아보는 성찰의 시간을 갖는 것이 필요하다.

拔　苗　助　長

뽑을 **발**　　모 **묘**　　도울 **조**　자랄 **장**

구즉궁 [久則窮]

오래되면 궁해진다.

　예로부터 궁(窮)하면 통(通)한다고 했지만, 실제로는 그 사이에 단계 하나가 빠져 있다. 바로 변(變)이다. 변화해야 통하는 것이다. 《주역(周易)》〈계사전(繫辭傳)〉을 보면 '궁즉변(窮則變), 변즉통(變則通), 통즉구(通則久), 구즉궁(久則窮)'이라 말하고 있다. 곧 '궁한 즉 변하고, 변한 즉 통하고, 통한 즉 오래가며, 오래된 즉 궁해진다'는 뜻이다. 주역에서 말하는 순환의 고리다.

　이 순환의 고리를 거스르거나 뛰어 넘을 수 없다. '궁'하면 '변'해야 하고 '변'한 후에 '통'할 수 있다. 하지만 우리는 이 변화라는 단계를 뛰어넘어 그저 궁하면 통하겠거니 한다. 궁해지는 원인 고찰과 스스로의 변화 없이 통해지기만 바라는 것은 욕심이다. 먼저 변해야 통할 수 있고, 통하게 되면 오래 지속될 수 있는 것이다.

　그리고 우리가 눈여겨보아야 할 말이 바로 다음에 나온다. 바로 '구즉궁(久則窮)'이다. '오래되면 궁해진다'는 뜻이다. 코닥이 대표적인 예다. 코닥은 오랫동안 필름 카메라의 선두 업체였다. 하지만 아날로그 카메라와 필름의 선두 업체라는 사실에 만족하고 이에 안주한 나머지 디지털 카메라의 시대 흐름을 따라가지 못했다. 아니 외면했다. 그 결과 부도라는 최악의 상황을 맞고 난 후 점차 기억에서 사라져 가고 있다. 주역에서 말하는 '구즉궁(久則窮)'의 상황이 벌어진 것이다. 아이러니 한 점은 디지털카메라를 세계 최초로 발명한 회사 역시 코닥이었다는 사실이다.

현대 한글서예는 궁체와 고체(판본체)로 크게 대변된다. 현재 가장 많이 사용되고 있는 서체이기도 하다. 하지만 오늘날 우리가 쓰고 있는 궁체는 일제 강점기에 윤백영 여사와 일중 김충현·갈물 이철경 선생님 등의 노력에 의해 그 쓰는 법이 일반에게 전해져 오늘에 이르게 되었다.(궁체는 조선 후기까지 궁에서 전수되던 특정 계층이 주로 사용했던 서체로, 일반에서는 드물게 사용되었다) 그리고 훈민정음을 기초로 한 고체(판본체)는 60년대 초반이 되어서야 처음으로 붓에 의해 쓰여 지고 '고체'라 명명되어 오늘날의 대중적인 서체가 되었다.

이러한 사실들은 역설적이게도 한글이 사라질 위기에 처했던 최악의 시기에 오히려 그 전통을 계승하고 더욱 발전시켜 오늘에 다다르게 한 것이다. 주역에서 말하는 '궁즉변(窮則變), 변즉통(變則通)'이다. 그리고 일제강점기로부터 반백년이 훌쩍 넘은 지금, 한글서예는 대중들에게 전통 예술의 보급과 확산이라는 큰 성과를 이루었다. 주역의 '통즉구(通則久)'다. 통(通)함으로 인해서 현재까지 오랫동안 지속될 수 있었던 것이다.

그런데 오래되면 '궁(窮)'해진다고 했다. 오늘의 한글 서예는 보급과 확산이라는 커다란 성과를 거둔 이후에 변화하고자 하는 모습이 보이지 않았다고 해도 과언이 아니다. 서체의 변화나 시대가 요구하는 미감에 부응하지 못했다. 한편에서는 그들만의 리그로 전락하는 것이 아니냐는 우려의 목소리도 나온 지 오래다. 이는 현실에 만족하며 안주했거나 아니면 이미 그 에너지가 소모되어 명맥만 유지하고 있다는 사실을 말해 준다. '구즉궁(久則窮)'의 상황이 도래했음을 알리는 소리다.

전통은 지켜져야 한다. 아울러 계승 발전시켜야 하는 것도 당연하다. 그런데 발전 없이 계승만 있다면 특정 계층 몇몇만이 향유하는 예술로 남는다. 대중과 호흡하고, 소통하며, 같이 즐거워할 수 있는 길을 찾고 다가설 수 있어야 한다. 다행히 근래에 단절되다시피 한 쓰기 문화가 다시 부활의 신호를 보내고 있다.

그 이름(한글서예든, 캘리그라피든)이야 무엇이 되었든지 간에 한글을 매개로 쓰기 문화가 다시 일어서고 있다는 것은 '구즉궁(久則窮)'에서 이제 막 '궁즉변(窮則變)'으로 들어가는 문을 조심스레 두드리고 있는 것일 수도 있다. 여기서 자만하거나 만족하면 '궁(窮)'에서 벗어나지 못할 수도 있다.

개인도 마찬가지다. 자신의 글씨가 변화 없이 오래 지속되고 있는 것은 아닌지, 변화 없이 안일함과 일정한 성취 속에 만족하고 안주하고 있는 것은 아닌지 냉정하게 바라보고 점검해야 한다. 그래야 늦지 않게 변할 수 있다. '궁(窮)'이 좋은 사람은 없을 터이니 말이다.

久　則　窮
오랠 **구**　곧 **즉**　궁할 **궁**

과이불강 [果而不强]

내가 인정받고 싶거든 남을 먼저 인정하라.

글씨(書)를 쓰는 사람 중에 지나친 자기 자랑을 일삼는 사람을 종종 보게 된다. 그들은 현실과 인터넷 공간을 가리지 않고 종횡무진 돌아다니며 이것저것 자랑하느라 바쁘다. 이들의 행태에 대해 이해 못하는 바도 아니다. 남들에게 인정받고자, 유명해지고자 하는 심정을 누구보다 잘 알고 있기에 그렇다.

때로는 걱정스런 마음이 들기도 한다. 사람들이 처음에는 그들의 자랑을 듣거나 봐주는 척 하다가도 그 도가 지나치다고 느끼는 순간 바로 외면해버리기 때문이다. 더군다나 스스로를 자랑하기 위해서는 남과 비교해 자신이 우위에 있어야 하기에 자칫 구설수나 분쟁이 생기기 십상이다. 지나친 자랑이 오히려 스스로에게 해가 되는 셈이다.

노자 초간본(楚簡本)《도덕경(道德經)》에 다음과 같은 말이 나온다.

성공(목적을 이룸)해도 자랑하지 않으며, 성공해도 교만하지 않으며, 성공해도 뽐내지 않는다. 이것을 '과이불강(목적을 이루되 강해지지 않는다)'이라 한다. 그것은 좋은 것이다.

果而弗伐 果而弗驕 果而不矜 是謂果而不强 其事好
과 이 불 벌　과 이 불 교　과 이 부 긍　시 위 과 이 부 강　기 사 호

글씨(書)도 같다. 자랑하거나 뽐내지 말아야 한다. 교만은 더더욱 안 된다. 명나라 항목(項穆)은 《서법아언(書法雅言)》에서 '험절한 것을 드러내는 자는 새겨 꾸미는 것이 지나치게 번잡하다(標險者 雕繪太苛)', 또 '유려한 자는 겉만 화려함이 거듭된다(流麗者 復過浮華)'고 말한다. 글씨 쓰는 사람의 성품에 따라 나타나게 되는 글씨의 특성에 대해 말하고 있는 글이다. 그런데 이를 뒤집어 생각하면 번잡하고 화려하게 꾸며 낸 글씨는 결국 자신을 뽐내거나 드러내기 위해 일부러 만들어 낸 것이거나 쓴 것이다. 남들에게 인정받고 싶은 욕구의 표출인 셈이다.

글꼴을 의도적으로 괴이하게 만들어 내거나 과장된 획을 사용 경우, 혹은 화려하게 보이기 위해 획을 파마하듯 돌돌 말아 올리는 방법 등등은 글씨를 이용해 자신을 뽐내고 자랑하려고 하는 행위에 지나지 않는다. 단지 '글씨를 이렇게 화려하고 예쁘게 꾸며놨으니 자신 좀 인정해 달라'고 떼쓰는 것에 불과한 것이다.

　　그러나 아는 사람은 안다. 글씨의 겉모양을 아무리 화려하게 꾸미고 짙은 화장을 한들 그저 눈속임에 불과하다는 것을. 기본을 지키며 마음으로부터 우러난 진실 된 글씨를 보여줄 수 있다면 그것만으로도 사람들의 마음을 사로잡기에 충분하다. 인정받으려 자랑하거나 억지를 부리지 않아도 자연스레 인정받는다. 교만에 빠질 일도 없다.

　　공자(孔子)는 말한다. ‘남이 자기를 알아주지 않음을 걱정하지 말고, 자기가 남을 알지 못함을 걱정하라(不患人之不己知 患不知人也)’고 말이다. 다른 사람들로부터 인정받고 싶거든 먼저 나 아닌 누군가를 진정으로 인정하는 것부터 시작해야 한다. 그래야 남들도 자신을 돌아보기 시작할 테니 말이다.

果　而　不　强

열매 **과**　말이을 **이**　아닐 **불**　강할 **강**

시이불견 [視而不見]

글씨를 보는 눈은 마음을 다해 정확하고 예리하게.

책을 읽다보면 글은 분명 보고 있는데 내용은 머릿속에 하나도 안 들어오고 책장만 계속 넘기는 경우가 있다. 눈은 책을 향해 있지만 생각은 다른 곳에 있는 경우다. 그냥 책 읽는 시늉만 하고 있는 것이다. 이렇다보니 책 내용이 머릿속에 저장되거나 이해될 리 없다. 그저 시간만 축내었을 뿐이다.

《대학(大學)》에 '시이불견(視而不見)'이라는 말이 있다. '보아도 보이지 않는다'는 뜻으로 '마음이 없으면 보아도 보이지 않고, 들어도 들리지 않고, 먹어도 그 맛을 모른다(心不在焉, 視而不見, 聽而不聞, 食而不知其味)'는 구절에서 나온 말이다. 실제로 살다보면 이런 상황을 종종 겪게 된다. 예컨대 어떤 생각을 골몰히 하고 있을 때는 옆에서 아무리 불러도 들리지 않거나, 보고는 있으나 도대체 무엇을 보고 있는지 모르는 경우가 그렇다.

글씨(書)를 쓸 때도 마찬가지다. 글씨는 고도의 집중력을 요한다. 머릿속으로 딴 생각을 하거나 혹여 주위 사람들과 대화라도 하게 되면 반드시 글씨를 그르치게 된다. 정신이 분산되어 집중력이 떨어지는데 글씨가 잘 될 턱이 없다. 이렇게 집중력이 떨어지면 덩달아 글씨를 보는 눈도 흐려진다. 글씨를 보는 눈이 흐려지게 되면 글씨의 잘잘못을 구별할 수 있는 이성적 판단도 흐려지게 된다.

글씨란 기본적으로 검은 선(黑)으로 공간(白)을 나누는 작업이다. 이 공간을 얼마만큼 잘 나누고 배치할 수 있는가가 좋은 글씨의 기본 관건이 된다. 그리고 공간은 작게 보면 한 글자를 완성하는 것이지만 크게 보면 작품전체를 가늠하는 잣대가 된다. 그렇기에 공간이 어느 한쪽으로 일그러지거나 치우치게 되면 좋은 작품이 나올 수 없다. 이 모든 공간을 배분하는 역할이 바로 눈이다. 눈으로 보이는 공간에서 보이지 않는 공간까지 펼쳐내야 한다. 손은 거들기만 할 뿐이다. 글씨를 잘 볼 수 있는 예리한 눈은 좋은 글씨로 직결되는 셈이다.

이 때문에 처음 글씨를 배우는 사람에게는 글씨를 보는 눈을 키우는 일이 글씨를 쓰는 일만큼이나 중요하다. 만약 기초 단계에서 반드시 거쳐야 하는 과정인 따라 쓰기(임서)에서 눈이 예리하지 않으면, 따라 쓰고자하는 글자의 획의 위치와 공간의 구조가 눈에 들어오지 않게 된다. 글자의 형태를 눈으로 보기는 하지만 글자의 구조가 어떻게 이루어졌는지는 보이지 않는 것이다. 글씨를 보되 보이지 않는 '시이불견(視而不見)'인 셈이다.

또 하나, 글씨를 보는 눈이 예리해지려면 마음을 다해야 한다. 마음을 다하지 않으면 건성으로 보거나 쓰게 된다. 아까운 시간과 값비싼 종이만 없앨 뿐이다. 아무리 많이 쓴들 오히려 집중해서 한 장 쓰는 것보다도 못하다. 마음도 관심도 떠난 상태에서의 글씨는 의미 없는 글자들의 나열에 불과하다.

결국 진실로 보고자 하는 마음과 쓰고자 하는 마음이 없다면 글씨를 봐도 보이지 않고 글씨를 쓴다고 해도 썼다고 할 수 없다. 글씨(書)는 마음을 다한 상태에서 정확하고 예리한 눈을 가질 때 이루어질 수 있기 때문이다.

視　而　不　見
볼 시　　말이을 이　　아닐 불　　볼 견

가이불반 [可以弗畔]

도리와 약속에 어긋나지 않는 글씨를 쓰라.

글씨(書)를 배우던 학생 중 한 명이 푸념 섞인 하소연을 늘어놓았다. "처음에는 그냥 글씨 쓰는 것이라고 해서 쉽게 생각하고 들어왔더니 가면 갈수록 힘들고, 알아야 할 것은 왜 이리 많고 또 모르는 것은 왜 이리 많은지. 이렇게 힘든 것이었다면 시작도 하지 않았을 겁니다." 이 하소연을 듣고서야 비로소 글씨의 세계에 한 쪽 발을 들여 놓았음을 알았다. 하지만 이제부터가 시작이라는 것을 당시에는 말할 수 없었다. 앞으로의 갈 길을 알게 되면 자칫 까무러칠 수도 있었기에.

《논어(論語)》에 '군자박학어문(君子博學於文), 약지이례(約之以禮), 역가이불반의부(亦可以弗畔矣夫)'라는 말이 나온다. '군자가 널리 학문(문물과 제도)을 배우고, 예로써 자신의 행위를 약속한다면 역시 도에서 어긋나지 않을 수 있을 것이다'는 뜻이다. 자신이 보고 배운 바와 그 행위의 일치를 강조하는 말이다.

마찬가지다. 글씨(書)를 배우는데 있어 '널리 다양한 학문과 서체를 배우고, 그 원칙과 약속으로써 글씨를 단속한다면 도리에 어긋나지 않는 글씨'를 쓸 수 있다. 다양한 서체를 배우고 익히는 일은 시야를 넓히고 높이는데 꼭 필요한 일이다. 그리고 이 과정에서 그 서체가 가지고 있는 원칙과 약속을 체득해야만 훗날 글씨를 쓰는데 어긋남이 없어지게 된다.

캘리그라피 교육 과정을 예를 들어 보자. 처음 캘리그라피를 배울 때 기초로 배워야 하는 서체와 기초과정을 마치면 배워야 할 서체가 있다. 기초과정에서는 한글 서체 중 고체(古體)라 불리는 훈민정음, 용비어천가 류(類)의 서체를 배운다. 한글의 기본이 되기도 하고 직선 위주의 글꼴이 처음 배우는 사람에게는 다가가기 쉽기 때문이다. 이 과정이 끝나면 궁체를 배우는 것이 통상적이다. 한글을 어떻게 써야 한다는 규범과도 같은 서체이기 때문에 궁체를 통해 한글 쓰기의 약속을 배우고 몸에 익히는 것이다.

이 과정까지 마치게 되면 다양한 한글 서체 중 자신의 취향과 맞는 서체를 골라 익히면 된다. 한글 봉서를 선택해도 좋고, 조선 중기의 판본인 《송강가사》, 《장진주사》를 선택해도 좋다. 또 조선 후기 판본인 《춘향가》, 《조웅전》등도 좋은 텍스트다. 이들 모두 저마다의 특징 있는 글꼴을 보이고 있으며 독특한 특색을 지니고 있다. 그리고 이들은 그들 나름의 쓰는 법과 규칙, 약속 등이 있다. 이러한 규범들을 정확하게 파악하고 익힌다면 다양한 한글을 쓰는데 도움을 받을 수 있을뿐더러 글씨가 과하게 되는 것을 막을 수 있다. 이 외에도 숨겨진 한글 고전(古典)에는 뛰어난 서체가 많이 있음은 물론이다.

캘리그라피는 기존 네모꼴의 한글 서체에서 탈피함으로써 호응을 얻을 수 있었다. 이러한 탈 네모꼴을 이루기까지는 한글에 대한 충분한 공부와 연구가 있었기에 가능했다. 그리고 탈 네모꼴에는 보이지 않는 일정한 규범과 약속이 있음을 깨달아야 한다. 탈 네모꼴의 자유로움이 마음대로라는 뜻으로 곡해되어서는 안 된다. 다양한 한글 서체에서 나오는 규범과 쓰기에 대한 약속을 알고 이를 지켜나갈 때 비로소 '가이불반(可以弗畔)'의 경지에 오를 수 있다.

可 以 弗 畔

옳을 **가**　써 **이**　아닐 **불**　어긋날 **반**

검이불루 화이불치 [儉而不陋 華而不侈]

글씨는 담백해야 한다.

　　서울 구의동 사거리에 유명한 평양냉면집이 있다. 가게가 그리 크지 않다보니 때만 되면 그 집 앞에는 늘 긴 줄이 늘어서 있다. 여름철에는 더 심하다. 뜨거운 뙤약볕도 아랑곳하지 않고 냉면을 위해 기다린다. 이렇게 긴 기다림 끝에 냉면집에 들어가면 벽에 걸린 '대미필담(大味必淡)'이라는 글씨가 손님을 맞이한다. '가장 좋은 맛은 반드시 담백하다'는 뜻이다. 그래서 그런지 이 집의 냉면 맛이 담백하다. 이 담백한 맛에 빠져 사람들이 한 여름 그 뜨거운 볕도 마다ㅎ-지 않고 줄을 서는 이유일 테다.

　　《삼국사기(三國史記)》백제본기 온조왕(溫祚王) 15년 기사에 다음과 같은 내용이 나온다.

　　15년 봄 정월, 새로 궁궐을 지었는데 검소하지만 누추하지 않고 화려하지만 사치스럽지 않았다.

十五年 春正月 作新宮室 儉而不陋 華而不侈
십 오 년 춘 정 월 작 신 궁 실 검 이 불 루 화 이 불 치

여기서 나온 말이 '검이불루(儉而不陋) 화이불치(華而不侈)'다. 이 말은 한국의 미를 말할 때 반드시 언급되는 말이다. 그런데 글씨(書), 특히 캘리그라피를 배울 때도 반드시 명심해야 할 말이 바로 '검이불루 화이불치'다.

'검소하되 누추하지 않은 글씨'는 기교를 부리되 부리지 않은 것처럼 보이는 담백한 글씨다. 노자《도덕경(道德經)》에 '대교약졸(大巧若拙)'이라는 말이 나온다. '큰 기교는 서투른 것처럼 보인다'는 뜻이다. 무기교의 기교다. 담백한 글씨는 이런 것이다. 자칫 눈이 틔지 않았다면 못 쓴 글씨와 혼동할 수도 있다. 하지만 못 쓴 글씨는 그냥 못 쓴 글씨에 불과할 뿐이다. 못 쓴 글씨에는 어떠한 의미 부여도 필요치 않다.

'화려하되 사치스럽지 않은 글씨'란 정도에서 벗어나지 않는 글씨다. 화려하나 과하지 않고 품격 있는 글씨다. 때로는 글자의 강조와 변화가 극단적으로 표현되어 글씨의 격을 떨어뜨리는 경우를 종종 볼 수 있다. 화려함만을 좇아 획을 길게 늘이거나 과한 선질(線質)을 사용함으로써 일어나는 일이다. 글씨에 화려한 치장을 한다고 해서 글씨가 귀하게 보이거나 아름답게 되는 것은 아니다.

화려함과 기교가 가득 찬 글씨는 조급한 마음이 앞서기 때문

이다. 빨리 성공하려는 욕심, 남들 눈에 띄어서 유명해지려는 욕심이 기교를 부리고 화려하게 만든다. 이러한 글씨는 순간적으로는 눈에 띌 수 있으나 오래 지속되지는 못한다. 오히려 시간이 지날수록 조급함과 천박함이 드러나게 된다.

글씨를 씀에 있어 '검이불루(儉而不陋) 화이불치(華而不侈)'를 말하기는 쉬워도 이를 적용해 행동으로 옮기기란 매우 어렵다. 더군다나 일반적인 캘리그라피의 인식하에서 화려하지만 사치스럽지 않게 표현하기란 힘들다. 게다가 검소하고 담백한 글씨는 더 그렇다. 웬만한 내공으로는 가능하지 않다. 일정 단계 이상의 경지에 올라서야 가능한 일이다. 꾸준한 연습과 노력을 통해 체득할 수밖에 없다. 다만 여유로운 마음과 담백한 진심이 담겨 있다면 조금 더 쉽게 다가설 수 있으리라.

儉　而　不　陋　華　而　不　侈

검소할 **검** 　말이을 **이** 　아닐 **불** 　추할 **누** 　빛날 **화** 　말이을 **이** 　아닐 **불** 　사치할 **치**

여민동락 [與民同樂]

캘리그라피 대중과 함께 즐기다.

서예는 예로부터 특정 계층에 한하여 향유되고 소비되어 왔던 예술이다. 역대로 우리가 명필이라 부르는 서예가들 대부분이 정치가, 문인, 대장군 혹은 사대부 집안 출신이다. 서예란 것이 기본적으로 글을 읽고, 글을 짓고, 글을 써야하는 일이므로 특정 계층의 전유물에 가까웠던 것이다. 먹고 사는 일 조차 힘들게 이어가야만 했던 예전 민초들의 삶에서 서예를 향유하고 즐긴다는 일은 상상도 할 수 없는 일이었기 때문이다.

《맹자(孟子)》에 '여민동락(與民同樂)'이라는 말이 나온다. 백성과 즐거움을 함께해야 한다는 뜻이다. 오늘날의 문화는 대중과 함께 대중과 함께 즐기고 호흡하면서 생명을 이어간다. 대중들이 외면하는 문화는 그 생애를 다하는 운명을 맞게 될 수도 있다.

현재 서예는 대중들과 같이 호흡하기에는 약간의 괴리가 있다. 옛날의 서예는 서예가들이 직접 한문으로 글을 짓고, 써서 그들의 감정을 전달했다. 그리고 그것을 읽고 그 감정을 이해

하는 사람들이 있음으로써 예술로 인정을 받았다. 하지만 오늘날엔 한자로 문장을 짓고 써서 자신의 감정을 전달하는 서예가를 찾기 어렵다. 게다가 이러한 작가가 있다손 치더라도 그들의 작품을 읽고 작가의 감정을 이해할 수 있는 관람자를 찾는 것은 더더욱 어렵다. 어쩌면 지금의 서예는 본질은 사라지고 그저 그림 그리듯 글자(한자)의 형태를 따라 그려내는 일만하고 있는 것일지도 모른다.

반면 오늘날의 캘리그라피는 대중들이 함께 하고 즐기는 글씨예술로 인식되고 있다. 예전처럼 수많은 한자를 익히고, 어려운 법칙에 따라 문장을 지어내지 않아도 된다. 누구나가 쓸 수 있고 즐길 수 있다. 한글이라는 뛰어난 문자 덕이다. 대중들은 캘리그라피를 통해 희노애락(喜怒哀樂)의 감정을 솔직하게 드러내고 뽐낸다. 또한 자신의 생각을 있는 그대로 표현해 내거나 직접 글을 짓지는 않더라도 가슴을 울리는 글이나 감성을 자극하는 글을 빌려 자신의 정감을 전달한다. 이에 쓰는 수고스러움도 기꺼이 감수해 낸다. 또한 이를 보는 사람들도 작자의 감정을 이해하고 전달 받는다.

기쁨, 노여움, 슬픔, 즐거운 감정들은 사람이라면 시대를 초월해 모두 비슷하다. 이러한 감정의 표현이야말로 예로부터 내려온 서(書)의 진정한 본질이다. 대중들이 무엇을 원하는지 파악하고 그것을 이루려고 노력하며, 대중들과 즐거움을 함께 했을 때 침체에 빠져 있었던 쓰기문화가 다시 꽃피울 수 있다는 사실을 캘리그라피는 보여 주었다. '여민동락(與民同樂)'인 셈이다.

　작가의 창작에 수양·정취·사상·인품 등의 요소가 일부분에 영향을 주는 것은 틀림없지만 그 이전에 진정으로 놓치지 말아야 할 것은 사람들과의 감정의 교감이다. 감정의 단절은 고립으로 이어진다. 어쩌면 서예와 캘리그라피의 가장 큰 차이는 '여민동락(與民同樂)'이냐 아니냐의 지점에서 일어나는 관념의 차이 일지도 모른다. 이 관념의 차이를 극복하고 다 같이 '여민동락(與民同樂)'할 때(대중과 함께 즐기고 교감할 때) 서예도, 캘리그라피도, 서사문화도 함께 잘 살 수 있음을 잊지 말아야 한다.

與　民　同　樂

더불 **여**　　백성 **민**　　한가지 **동**　　즐거울 **락**

기운생동 [氣韻生動]

기운생동하려면 만권의 책을 읽고, 만리의 여행을 하라.

중·고등학교 시절 기말고사 기간에 미술 필기시험을 보게 되면 늘 빠지지 않고 출제되던 문제가 있었다. 《고화품록(古畫品錄)》에 수록되어 있는 사혁(謝赫)의 그림 그리는 여섯 가지 법(六法), 즉 기운생동(氣韻生動), 골법용필(骨法用筆), 응물상형(應物象形), 수류부채(隨類賦彩), 경영위치(經營位置), 전이모사(傳移模寫)에 대한 문제였다. 이 육법(六法)이 얼마나 시험에 많이 출제되었으면 지금도 잊지 않고 있을 정도다.

사혁의 육법 중 첫 번째가 '기운생동(氣韻生動)'이다. 그런데 '기운생동'이 전달하고자 하는 의미가 명확하게 머릿속에 와 닿지는 않는다. 그 이유는 '기운생동'의 '기운'이라는 단어 때문이다. '기운'은 우리가 늘 사용하는 단어임에도 불구하고 그때그때 용처에 따라 달라지는 뜻과 어감 때문에 설명이 용이하지 않다. 예컨대 '기운이 세다', '산의 기운을 느낀다', '약 기운이 떨어진다', '봄의 기운을 느낀다' 등은 모두 그 뜻하는 바가 다르다. 실제로 사혁 자신도 '기운(氣韻)'을 '신운(神韻)이라 말하고 있을 정도다.

이렇듯 '기운'은 명확히 설명하기는 어렵지만 우리는 5관(시각, 청각, 후각, 미각, 촉각)을 통해서 이를 지각하거나 느낄 수 있다. 그리고 그것이 실제 하는 것이든 아니면 형이상학적인 것이든 같은 문화권 내에 있는 사람들이라면 그 의미하는 바를 감각과 경험으로 알 수 있다.

그렇다면 '기운'을 그림이나 글씨에 불어 넣기 위해서는 어떻게 해야 할까? 붓을 든 팔뚝에 힘을 잔뜩 주고 그리거나 써야 할까? 아니면 붓을 쥔 손아귀에 힘을 가득 실어서? 아니면 온 우주의 기운을 모아서? 아니면 정신을 집중해서? 이 난해한 물음에 답한 사람이 있다. 바로 명나라의 동기창(董其昌)이다.

그는 《화선실수필(畵禪室隨筆)》에서 '기운(氣韻)'을 얻기 위해서는 '만권의 책을 읽고(讀萬卷書), 만리의 여행을 떠나라(行萬里路)'고 말한다. 책과 여행을 통해 세속의 찌든 때를 벗을 수 있고 자연스레 자연의 '기운'을 얻을 수 있다는 얘기다. 결국 많이 보고, 많이 경험하고, 많이 읽어서 머리와 가슴을 충만하게 채우라는 뜻일 테다.

글씨(書)를 쓸 때 머리와 가슴이 가득 차 무언가를 표현하고 싶은 생각이 충만해 지면 정신과 손이 혼연일체가 되어 붓이 활기차게 움직인다. 조금의 막힘도, 지체됨도, 거리낌도 없다. 이렇게 되면 단순한 기호로 이루어진 글자들은 생명을 지니고 있는 것처럼 생동(生動)하게 된다. 자연히 글씨의 격도 높아진다. 이 단계가 '기운생동(氣韻生動)'이다. 그러면 이를 보는 사람도 그 기운을 느낄 수 있게 된다. 말로 형언할 수는 없지만 작품에서 뿜어져 나오는 기운을 통해 작가의 정감이 고스란히 전해지는 것이다.

글씨에 '기운생동'이 없는 것은 작가의 가슴이 차갑게 메마른 상태로 아무런 생각 없이 쓰기 때문이다. 매너리즘에 빠져 생겨나고 벌어지는 일이다. 이러한 현상이 계속되면 관객들은 흥미를 잃게 되고 외면할 수밖에 없다. 작가로서 혹은 예술가로서 마땅히 가져야 할 의무와 책무를 버린 것이다.

지금 '기운'이 없거나 부족하다고 느끼면 가까운 곳으로 가벼이 떠나보자. 해외는 아니더라도 우리나라가 삼천리 화려강산이니 세속의 때를 벗고 '기운'을 보충하기에는 충분하다.

氣　韻　生　動

기운 **기**　　정취 **운**　　날 **생**　　움직일 **동**

일이관지 [一以貫之]

글씨를 하나의 기운으로 꿰어라.

《논어(論語)》〈위령공편(衛靈公篇)〉에 다음과 같은 대화가 나온다.

"사(賜)야, 너는 내가 많이 배우고 그것을 모두 안다고 생각하느냐?(賜也 女以予爲多學而識之者與)" 자공이 대답하며 말하기를, "그렇습니다. 아닙니까?(對曰 然 非與)" "아니다. 나는 하나로써 꿰었을 뿐이다.(曰 非也 予一以貫之)"

공자와 자공의 대화에서 공자는 '일이관지(一以貫之)'에 대해 이야기하고 있다. 또 같은 책 〈이인(里仁)〉편에서도 '나의 도는 하나로써 꿰었다(吾道一以貫之)'라고 말하고 있다. 이것이 흔히 충(忠)과 서(恕)로 일컬어지는 공자의 '일관지도(一貫之道)'다.

글씨(書)에서는 '일이관지'와 비슷한 '일기관지(一氣貫之)'라는 말을 쓴다. '글씨를 쓸 때 하나의 기운으로써 꿴다'는 뜻이다. 즉 낱글자를 쓸 때뿐만 아니라 문장에 이르기까지 모두 하나의 기운으로 꿰뚫어 쓰라는 말이다.

　청나라의 주화갱(朱和羹)은 《임지심해(臨池心解)》라는 책에서 다음과 같이 이야기한다.

　글씨를 쓸 때 귀중한 것은 하나의 기운으로 관통되어 흐르는 것이다. 무릇 한 글자를 씀에 위아래가 이어지고 접함이 있어야하며, 좌우 호응이 있어야 한다. 한 조각(점과 획)을 준비함에도 바야흐로 진선진미를 다하여야 한다. 이것으로 미루어 몇 글자, 몇 행, 수십 행에 이르러서도 정신이 모두 모여 밖으로 흩어지지 말아야 한다.

作書貴一氣貫注 凡作一字 上下有承接 左右有呼應 打疊一片
작 서 귀 일 기 관 주　범 작 일 자　상 하 유 승 접　좌 우 유 호 응　타 첩 일 편

方爲盡善盡美 卽此推之 數字 數行 數一行 總在精神團結 神不外散
방 위 진 선 진 미　즉 차 추 지　수 자　수 행　수 실 행　총 재 정 신 단 결　신 불 외 산

　글씨를 쓸 때는 아주 작은 점과 필획이라도 모두 하나의 기운으로 관통되게 최선을 다해야 하며 한 글자를 이룸에 상하좌우 모두 흐름이 끊기지 않고 서로 호응하도록 해야 한다고 한다. 나아가 수십 행에 달하는 긴 글을 쓸 때도 꿰뚫는 하나의 기운이 흐트러지지 않도록 집중해야 한다는 중요한 내용을 전달하고 있다.

　초보자들이 글씨(書), 특히 캘리그라피를 배울 때 가장 많이

나타나는 문제가 바로 '일기관지(一氣貫之)'의 문제다. 한 글자를 쓸 때도 기운이 서로 통하지 않는 경우가 많은데 두 글자, 세 글자는 물론 문장에 이르면 더 이상 말할 필요도 없다.

그 이유를 살펴보면 대부분의 초보자들은 글자를 구성할 때 향세(向勢)와 배세(背勢)를 이해하지 못하고 뒤섞여 사용할 뿐만 아니라 가로획과 세로획을 구사함에 어느 정도 일정한 패턴이 유지 되어야 함에도 불구하고 제 각각의 모양이 나타난다. 게 다가 글씨 쓰는 호흡이 일관되지 못하고 툭툭 끊기거나 엉킴으로써 전체의 흐름이 뒤죽박죽되기 일쑤다.

이와 같은 사항들은 모두 하나의 기운이나 기세, 흐름을 형성하는데 방해가 되는 요인들이다. 이 방해 요인들을 하나하나 없애는 노력과 연습이 필요하다. 그래야 글씨를 보는 눈이 한 단계 높아 질 수 있으며, 눈이 높아지면 글씨의 흐름이 보이기 시작하고 그 중요성에 대해서도 이해할 수 있게 된다.

이런 연후에 점획과 같은 작은 부분부터 기운을 서로 호응하게 만들고, 한 글자에서부터 점차 두 글자, 세 글자 그리고 문장에 이르기까지 호응의 관계를 늘려가다 보면 어느덧 하나의 기운으로 관통하여 물 흐르듯 자연스레 흘러가는 글씨를 쓸 수 있게 된다. 바로 '일기관지(一氣貫之)'가 이루어지게 되는 것이다. 글씨(書)나 사람이나 일관됨이 중요함은 다르지 않다.

一　　以　　貫　　之

한 **일**　써 **이**　펠 **관**　어조사 **지**

득어망전 [得魚忘筌]

글씨의 규구(規矩)로 입문한 다음 규구를 잊어라.

《장자(莊子)》에 '전자소이재어(筌者所以在魚) 득어이망전(得魚而忘筌)'이라는 말이 나온다. '통발은 물고기를 잡는 것인데, 물고기를 잡고 나면 통발은 잊어버린다'는 뜻이다. 자신이 뜻한 바나 진리에 도달한 후에는 그 과정이나 수단에 대하여는 애착을 갖지 말고 과감하게 버리라는 뜻이다.

서론(書論)에도 이를 인용해 글씨를 설명한 글이 있다. 청나라 주이정(朱履貞)이 지은 《서학첩요(書學捷要)》에 나오는 말이다.

글씨를 배움에 있어서 규구(規矩)로 입문하지 않은 사람이 없고, 또한 규구로 나오지 않은 사람이 없다. 서도를 이미 성취하게 되면 추획사(錐畫沙), 인인니(印印泥)를 마음대로 할 수 있게 되어 가는 데마다 통하지 않는 곳이 없다. 소위「인전득어하고 득어망전」이다.

學書未有不從規矩而入 亦未有不從規矩而出 及乎書道旣成
학 서 미 유 불 종 규 구 이 입 역 미 유 불 종 규 구 이 출 급 호 서 도 기 성

則畫沙印泥 從心所欲 無往不通 所謂因筌得魚 得魚忘筌
칙 화 사 인 니 종 심 소 욕 무 왕 불 통 소 위 인 전 득 어 득 어 망 전

글씨를 배움에 반드시 규구(法)로 입문해야 하지만 성취한 후에는 규구라는 수단을 과감하게 버리라는 말이다.《장자(莊子)》에서 말한 '득어망전(得魚忘筌)'의 방법인 셈이다. 규구를 버림으로써 필획을 자유자재로 구사할 수 있을 뿐만 아니라 마음 가는 데로 써도 법도에서 벗어나지도 않고, 통하지 않는 곳도 없게 된다는 이야기다. 결국 마음이 하고 싶은 대로 좇아서 하는 이른바 '종심소욕(從心所欲)'의 경지를 말하고 있는 것이다.

《서학첩요(書學捷要)》의 주장처럼 글씨 쓰기에서 법으로 입문한 후 다시 법(틀)으로 부터 벗어나 자유롭게 써야 한다는 이론에 대해서는 지금까지 별다른 이견이 없는 듯하다.《서학첩요(書學捷要)》뿐만 아니라 다른 책이나 서가(書家)들도 모두 이와 똑같이 이야기 하고 있기 때문이다.

그런데 글씨(書) 쓰기에 있어 오늘의 문제는 규구를 벗어나는 데 있지 않고 오히려 규구의 입문(入門)에 있는 것으로 보인다. 서예는 오랜 기간에 걸쳐 만들어진 학습법이 있어 규구가 어느 정도 정비되어 있지만, 캘리그라피는 규구 자체가 없다. 심지어 이에 대해 논의된 바도 없다. 캘리그라피는 틀을 깨야 된다고

너도 나도 외치지만 틀이 어떻게 생겼는지 그 존재를 이야기하는 사람도 없다. 이 때문에 캘리그라피는 마음대로 써도 되는 글씨, 혹은 마음대로 쓰는 글씨라는 편견과 오해가 생겨났다.

아무것도 모르는 무지의 상태에서 마음 내키는 대로 휘갈겨 쓰는 것은 '막글씨'에 불과하다. '막글씨'는 예술이 될 수 없다. 더군다나 '법(틀)'을 알고 난 후 이 '법(틀)'을 초월한 경지의 글씨와는 비교조차 할 수 없다. 예술은 내용과 형식이 어우러졌을 때 비로소 예술로써 인정받을 수 있다. 지금이라도 기본적인 원칙과 틀을 갖추어야 한다. 시급한 일이다. 그래야 잘된 글씨와 잘못된 글씨, 예술인 것과 예술이 아닌 것을 가려 낼 수 있다.

'인전득어(因筌得魚)'한 후에야 '득어망전(得魚忘筌)'할 수 있음을 잊지 말아야 한다.

得　魚　忘　筌

얻을 **득**　　물고기 **어**　　잊을 **망**　　통발 **전**

자득 [自得]

스스로 터득해야 단계에 올라설 수 있다.

　어릴 적 친구로부터 자전거를 처음 배울 때 수없이 넘어지기를 반복했다. 친구는 자전거 뒷좌석을 잡아주며 자신이 잡고 있으니 걱정 말라고, 자신만 믿고 타라고 말한다. 하지만 얼마못가 넘어지고 나서야 페달을 두세 번 밟았을 때 친구가 손을 놓았다는 사실을 알게 된다. 배신감은 말할 것도 없는데 친구는 한술 더 떠 타박까지 한다. 넘어지기 전 핸들을 반대 방향으로 돌리면 된다고 몇 번이나 반복해서 말했는데 듣지 않았다고 말이다. 그런데 자전거를 경험해 본 사람이라면 다 안다. 자전거를 탈 수 있는 방법은 오롯이 스스로 터득해야만 한다는 것을.
　《맹자(孟子)》에 다음과 같은 말이 나온다.

　군자가 도로써 깊이 나아가기를 탐구하는 것은 스스로 터득하고자 함이다. 자득하면 곧 거함이 편안해지고, 거함이 편안해지면 곧 자질이 깊어지고, 자질이 깊어지면 좌우에서 취하

여 그 근원을 만나게 되니 군자는 스스로 터득하려고 하는 것
이다.

君子深造之以道 欲其自得之也 自得之則居之安 居之安則資之深
군 자 심 조 지 이 도 욕 기 자 득 지 야 자 득 지 칙 거 지 안 거 지 안 칙 자 지 심

資之深則取之左右逢其原 故君子欲其自得之也
자 지 심 칙 취 지 좌 우 봉 기 원 고 군 자 욕 기 자 득 지 야

글씨(書)를 쓰다보면 말이나 글로 설명이 안 되는 부분이 있
다. 이런 부분을 가르칠 때면 어쩔 수 없이 학생 스스로 터득해
야 한다고 말한다. 스스로 터득하는 방법이 최선의 방법이라고
말이다. 이러한 상황은 글씨를 배우는 학생의 입장에서 보면
매우 곤란하고 난처한 일이다. 스스로 터득하는 것도 쉬운 일
은 아닐뿐더러 빠르게 돌아가고 있는 현대 사회에서 물리적인
시간도 무시하지 못하기 때문이다. 어떻게 보면 학생 스스로
터득하라는 말은 선생의 입장에서도 비과학적이면서 무책임한
말이기도 하지만 달리 뾰족한 방법을 찾을 수 없는 경우도 있
기에 피치 못할 측면도 있다.

또 다른 한편으로는 교육의 한 방편으로써 스스로 터득하게
끔 일부러 유도하는 경우도 있다. 학생 스스로 얻고자하는 마
음이 없거나 선생님의 가르침만 바라보며 노력 없이 안주할 때
그렇다. 이러한 상황이 계속되면 학생은 선생님에게만 의존하

게 되고, 계속해서 이 상황이 반복되면 학생은 스스로 나아갈 힘을 얻지 못하게 된다. 이를 방지하고자 스스로 터득하라는 교육 방법을 쓰는 것이다. 나름의 고육지책인 셈이다.

그런데 글씨(書)를 쓰고 배움에 있어서 그 의도가 어찌 되었든지 간에 스스로 터득하는 것은 매우 중요한 부분을 차지한다. 글씨를 쓸 때 막힌 부분을 자신 스스로 헤쳐 나가는 방법을 터득하고 깨닫게 되면 자연스레 글씨를 보는 눈이 트이게 된다. 성장의 발판을 마련하게 되는 것이다. 이 경험을 통해 지금껏 보이지 않던 글자의 세세한 부분까지 볼 수 있게 되고, 더 나아가 어떠한 획을 보면 어떤 붓으로 어떻게 쓰여 졌는지 추측도 가능하게 된다. 또 잘 쓴 글씨와 못 쓴 글씨를 구분하는 기준도 생기게 된다. 글씨를 썼을 때 글씨의 대원칙에서도 벗어나지 않게 된다. 이 모든 것이 자득(自得)함으로써 얻어질 수 있고 가능해 질 수 있는 일이다.

예로부터 글씨의 법은 전할 수도 있고 받을 수도 있지만 법 외의 것은 스스로 터득해서 이뤄야 한다고 한다. 결국 자득(自得) 할 수 있을 때 비로소 단계에 올라설 수 있는 것이다.

自　　　得

스스로 **자**　　얻을 **득**

잡동산이 [雜同散異]

배움에 체계를 세워야 한다.

서울의 각 동네마다 한 곳씩 서예학원이 있었던 적이 있었다. 많은 곳은 두 세 군데 씩 있었던 곳도 있었던 것으로 기억한다. 당시 동네에서 서예학원을 한다고 하면 집에서 보관 중이던 서화작품에 대한 감정(鑑定)과 한자 풀이 등을 부탁하는 일은 매우 흔한 일이었다. 게다가 혼서(婚書)나 작명(作名)은 물론 심지어는 사주까지 봐 달라고 하는 일도 허다했다. 아마도 예전의 전통적인 서예가들(사대부)에 대한 인식이 그대로 이어져 내려오고 있었기 때문일 것이다.

동네에서 서예 학원의 자취를 찾기 어려운 지금에도 이러한 인식은 크게 달라지지 않은 것 같다. 글씨를 쓰는 직업을 갖고 있다고 이야기하면 여전히 한자 풀이를 물어오고, 서화 감정을 해달라고 한다. 소장하고 있는 작품을 사진 찍어 문자로 보내기까지 한다. 모두 전문적인 지식과 다양한 학문을 요하는 일들임에도 불구하고 거리낌 없이 묻는다. 글씨 쓰는 사람은 이러해야 한다는 고정관념이 이미 뿌리 깊게 박힌 모양이다.

조선 후기 실학자였던 안정복(安鼎福)이 지은 책 중에《잡동산이(雜同散異)》라는 책이 있다. 이 책 속에는 역사와 제도뿐만 아니라 당시 민간에서 떠돌던 패설(稗說)에 이르기까지 다양하고 많은 이야기가 수록되어 있다. 다만 전체적인 체계가 잡혀 있지 않다는 점이 아쉽다는 평가다. 그럼에도 불구하고 '잡동산이'라는 책 제목처럼 잡다한 백과사전식의 이야기가 실려 있어 그 가치는 인정받고 있다. 오늘날 우리가 자주 쓰는 '잡동사니'라는 말이 여기서 유래되었음은 물론이다.

조선시대까지만 하더라도 글씨(書)를 쓰기 위해서는 다양한 학문, 즉 문(文), 사(史), 철(哲)을 바탕으로 함이 기본이었다. 글씨 자체가 사대부나 학자가 지녀야할 필수 덕목이었기에 그렇다. 반면 오늘날 글씨를 쓰는 사람들은 예술을 하는 예술가로 인정받기를 원한다. 예술가로서의 재능과 끼를 발산하고자 애쓴다.

하지만 어느 정도의 지식과 교양은 반드시 몸에 갖추고 있어야 하는 것이 바로 문자를 매개로 하는 글씨 예술이다. 글씨(書)는 품격을 매우 중요시 여기는 예술이기 때문이다. 일반 대중들도 글씨(書) 예술만큼은 아직까지도 그렇다고 여긴다. 그렇기에 모르는 한자 풀이도, 서화 감정도 아무런 거리낌 없이 물어보는 것일 게다. 단지 손글씨를 쓰는 사람이나 예술 행위를 하는 사람으로만 인정했다면 있을 수 없는 일이기에 그렇다.

품격 있는 글씨(書)를 쓰기 위해서는 막연한 개념과 경험이 아닌 체계에 따른 공부법이 필요하다. 기법론, 작품론, 감상과 비평, 심미론 등과 같이 글씨의 배움에 필요한 분야를 세분화시켜 체계를 갖추도록 해야 한다. 필요하다면 인접학문도 폭넓게 활용해야 한다.

이처럼 다양한 지식을 갖추다 보면 외부 시선으로는 잡다한 지식을 공부하는 것처럼 보일 수도 있다. 하지만 확실한 체계에 따른 공부는 흩어져 있는 다양한 지식을 한데 어우러지게 하는데 도움을 줄 뿐만 아니라, 글씨(書)에 그대로 투영될 수 있도록 만든다. 그리고 이 어렵고 힘든 과정을 거쳐야 비로소 품격 있는 글씨를 쓰게 된다.

다양한 지식을 하나로 모으지 못하면 '잡동사니' 지식이 되지만, 체계를 세워 익히고 배운다면 조예가 깊은 사람이 된다. 캘리그라피를 쓰고 배움에 체계가 필요한 이유다.

雜　　同　　散　　異

섞일 **잡**　　한가지 **동**　　흩을 **산**　　다를(기이할) **이**

선각각후각 [先覺覺後覺]

먼저 깨우친 사람이 나중에 깨우친 사람을 깨우쳐라.

문경에 가면 봉암사가 있다. 우리나라 대표적인 선찰(禪刹)로 1년에 딱 한번 사찰을 개방한다. 부처님 오신 날에만. 그만큼 때를 맞춰가지 않으면 발을 들여놓기 쉽지 않은 곳이다. 그곳에는 〈봉암사지증대사적조탑비(鳳巖寺智證大師寂照塔碑)〉와 〈봉암사정진대사원오탑비(鳳巖寺靜眞大師圓悟塔碑)〉가 있다. 우리나라 서예사(書藝史)를 공부하려면 반드시 봐야 하는 이름난 비(碑)다.

벌써 오래전 일이다. 근 십 년에 걸쳐 전국에 흩어져 있는 이름난 비(碑)를 찾아 답사를 다녔던 때가 있었다. 답사 막바지에 이르렀을 무렵 그 명성에 눌려 감히 찾아 갈 엄두조차 내지 못하고 있었던 봉암사에 우연한 기회로 발을 들여 놓게 되었다. 비록 몇 십 분 만에 쫓겨나는(?) 신세가 되기는 했지만. 그래도 점심 공양은 하고 가라는 말에 조금이나마 위안을 받으며 쓸쓸히 뒤돌아 나왔던 기억이 지금도 생생하다. 귀중한 2컷의 사진과 함께.

〈봉암사지증대사적조탑비〉의 비문 내용 중에 '사선지각후지(使先知覺後知) 사선각각후각야(使先覺覺後覺也)'라는 글이 나온다. '먼저 안 사람으로 하여금 나중에 아는 사람을 깨우치게 하고, 먼저 깨우친 사람으로 하여금 나중에 깨우친 사람을 깨우치게 하라'는 뜻이다. 원래는 《맹자(孟子)》에 나오는 말이다.

먼저 알고 있거나 깨우친 사람이 나중에 알거나 깨우친 사람을 깨우치게 되면 후자의 깨우침의 속도는 몇 배 이상 빨라질 수 있다. 글씨(書)도 이와 같다. 문제에 맞닥뜨려 혼자서 아등바등 애쓸 때 먼저 깨우친 사람이 툭 던져주는 말 한마디에 해답을 얻는 경우가 빈번함이 이를 증명한다.

글씨(書)는 스스로 터득해야 일가를 이룰 수 있는 예술임은 주지의 사실이다. 하지만 깨우쳐 줄 수 있는 스승 또는 선배가 있느냐 없느냐는 하늘과 땅차이다. 낯선 길에서 홀로 헤매고 있을 때 손을 잡고 올바른 길로 인도 해 줄 수 있는 안내자의 존재여부는 그 사람의 인생을 좌지우지할 수 있기에 그렇다. 스승이나 선배는 결국 미지의 세계를 안내하는 가이드와 마찬가지인 까닭이다.

여기서 궁금증이 일어난다. 그렇다면 글씨(書)는 과연 독학이 가능한가? 여기에 대한 답은 "웬만하면 선생님을 찾으시오. 단 좋은 선생님을."이다. 예전에도 그렇고 지금도 그렇게 답한다. 먼저 깨우친 사람이 있는데 굳이 아까운 시간을 없애가며 길이 맞는지도 틀리는지도 모르면서 갈 필요는 없다. 자신의 노하우

를 아낌없이 알려주고 깨달음을 나누어 주는데 인색하지 않은
선생님들을 찾아 가르침을 받으면 된다. 자신의 모든 것을 줄
수 있는 사람이 진정한 스승이자 선생님이며 선배다.

　이렇듯 먼저 깨우친 사람이 뒤에 오는 사람에게 그것을 나누
어 주었을 때 자신뿐만 아니라 그 분야도 함께 발전할 수 있다.
그리고 먼저 깨우친 사람은 늘 조심해야 한다. 자신의 잘못으
로 인해 뒤에 올 사람에게 잘 못된 길을 알려줄 수 있으니까 말
이다.

야설(野雪)　　이양연(李亮淵)

穿雪野中去　不須胡亂行
천 설 야 중 거　부 수 호 란 행

今朝我行跡　遂爲後人程
금 조 아 행 적　수 위 후 인 정

　눈 덮인 들판을 걸어갈 때는 발걸음을 함부로 어지러이 걷지 마
라. 오늘 아침 나의 발자국은 뒤에 오는 사람의 이정표가 되리니.

　선각자(先覺者)는 늘 삼가고 조심하는 마음을 갖기를.

先　　覺　　覺　　後　　覺
먼저 선　　깨우칠 각　　깨우칠 각　　뒤 후　　깨우칠 각

절차탁마 [切磋琢磨]

캘리그라피는 기초가 중요하다.

스포츠나 예술 분야는 기초를 중요시 여긴다. 그래서 기초를 익히고 습득하는데 많은 시간과 노력을 투자한다. 기초가 탄탄하게 잡혀 있지 않으면 앞으로 나아가는데 어려움이 많기 때문이다. 글씨(書)도 같다. 글씨의 기초를 다지기 위해서는 지난한 반복 과정과 시간의 중첩이 필요하다. 이 때문에 손으로 쓰는 '글씨' 라고 단순하게만 생각하고 접근했던 사람들에게는 글씨의 기초를 익히는 과정이 당황스러울 수밖에 없다.

특히 캘리그라피는 서예와 달리 쉽고 빠르게 배울 수 있다는 일종의 선입견(사실 주입된 것일 수도 있다) 같은 것이 있어서 기초 과정을 배우는 입문자들이 혼란과 혼돈을 경험하기도 한다. 게다가 자신의 비즈니스를 위해 쉽고 빠름을 강조하고 이를 부추기는 사람들 또한 많이 있음을 알기에 딱히 누구 탓만도 할 수 없다. 이로 인해 캘리그라피어서 기초란 잠시 스쳐지나가는 한 과정일 뿐 기초의 중요성에 대해서는 깊이 생각하거나 논의되지 않는 듯하다. 안타까운 일이다.

《시경(詩經)》에 '여절여차(如切如磋) 여탁여마(如琢如磨)'란 구절이 나온다. 오늘날 이야기 하는 '떼어내고(切)', '자르고(磋)', '쪼고(琢)', '갈고(磨)'의 '절차탁마(切磋琢磨)'가 여기서 비롯되었다. '절차탁마'는 쉼 없는 노력의 과정을 통해 학문과 인격을 갈고 닦아 쌓아야 한다는 뜻으로, 거의 모든 분야에서 언급되며 사용되고 있다. 노력의 정당한 과정 없이 단계나 절차를 뛰어 넘어 이루어지는 분야가 없기에 그럴 테다.

글씨(書)도 '절차탁마'와 같이 하나하나의 과정을 거쳐야만 이루어진다. '절차탁마'에 글씨의 학습과정을 빗대어 보면 '절(切)'과 '차(磋)'는 기초를 닦는 과정에, '탁(琢)'과 '마(磨)'는 '절', '차'의 기초를 바탕으로 글씨를 완성해 가는 과정이라 할 수 있다. 이 중 '절'과 '차'의 과정이 사실상 좋은 글씨로 나아갈 수 있느냐 없느냐를 좌우하게 된다. 예컨대 '절'과 '차'에 해당하는 기초과정에서는 붓을 바르게 잡는 법(執筆法), 붓을 움직이는 법(運筆法), 붓을 꺾고 구르는 법(轉折), 선질을 다양하게 내는 법, 공간을 바르고 균등하게 나누어 글자를 구성하는 법(結構法), 그리고 한글 쓰기에 있어서의 공통된 약속과 규칙 등등을 배우게 된다.

이러한 기초는 우리가 글씨를 쓰고 배움에 있어 중요한 밑거름으로 작용하기에 이 과정이 하나라도 잘 못되거나 소홀히 이루어진다면 앞으로의 길이 험난하게 될 가능성이 높다. 아니,

아예 잘못된 길을 가게 될 수도 있다. 이렇게 잘못된 길을 따라 가다보면 글씨를 아무리 쪼고 갈고 닦아도(琢磨) 어딘가 부족한 글씨를 쓰게 된다. 이를 감추기 위해 광괴(狂怪)한 글씨로 빠져들게 되면 도리어 아까운 시간만 축낼 수도 있다. 이럴 때는 처음부터 다시 시작하는 것이 낫다. 그동안의 시간이 아깝더라도 앞으로의 글씨 여정을 생각하면 이정도 쯤은 아무것도 아니다. 오히려 잘못된 길을 계속 가는 것보다 빠르게 목적지에 도착할 수 있다.

기초에서 이루어지는 계속되는 반복연습과 물리적 시간의 중첩이 당장은 쓰고 떫을지 모른다. 하지만 글씨의 기초를 몸으로 체득해서 기억하도록 만드는 것이 훗날 보약이 될 것임은 자명하다. 이를 이해시키고 가르치는 것이 선생님이 가져야할 책무인 동시에 의무다. 또한 쓰기 문화가 한층 더 발전할 수 있는데 반드시 필요한 일이기도 하기 때문이다.

切　磋　琢　磨

끊을 **절**　　갈 **차**　　다듬을 **탁**　　갈 **마**

자강불식 [自强不息]

쉬지 않고 노력하라.

무명배우나 가수가 연기와 노래 실력을 인정받아 상도 타고 더불어 유명해지는 사례를 종종 보게 된다. 특히 시상식에서 하는 이들의 수상소감이 세간의 화제로 떠오르기도 한다. 당시의 여러 감정이 북받쳐 오르는 와중에 나온 진심어린 수상소감이 모두의 마음을 울렸기 때문일 것이다.

그런데 이들의 소감 중에서 공통적으로 나오는 말이 있다. "쉬지 않고 노력해서 이 자리까지 올라 왔습니다.", "이 자리에 서기까지 정말 많은 노력을 했습니다."라는 말이다. '노력은 배신하지 않는다'는 말이 헛된말이 아님을 증명하고 있는 셈이다.

물론 아직까지도 그 이면에는 수많은 무명배우, 무명가수, 무명선수, 무명글씨로 불려지는 사람들이 있음을 안다. 그리고 그들 모두 꿈을 위해 엄청난 노력을 기울이고 있다는 사실도 말이다. 이들 모두 노력이 배신하지 않기를 진정으로 바랄 뿐이다.

《주역(周易)》에 '자강불식(自强不息)'이라는 말이 나온다. '스스로 힘쓰고 쉬지 않는다.'는 뜻이다. '천행건(天行健), 군자이자강불식(君子以自强不息:하늘의 운행이 굳세니, 군자는 이로써 스스로 힘쓰고 쉬지 않는다)'에서 유래한 말이다. 하늘의 운행, 즉 봄, 여름, 가을, 겨울이 끊임없이 굳건하게 움직이듯이 이를 본받아 스스로 쉬지 않고 노력해야 한다는 의미다.

글씨(書)도 노력 없이는 절대로 이루어지지 않는 분야다. 이 노력의 대표적인 사람이 글씨 연습으로 벼루를 열 개나 구멍 냈다는 추사 김정희다. 추사는 권돈인에게 보낸 편지에서 다음과 같이 이야기하고 있다.

내 글씨는 비록 말하기는 부족하나 칠십 년 동안 먹을 갈아 구멍 낸 벼루가 열 개나 되고 몽당붓이 천 자루나 되오.

吾書雖不足言 七十年 磨穿十硯 禿筆千毫
오 서 수 부 족 언 칠 십 년 마 천 십 연 독 필 천 호

돌로 만들어진 벼루를 먹을 갈아 구멍을 낸다는 것은 먹을 갈아본 사람은 안다. 아예 상상조차하기 힘든 일이라는 것을. 그나마 천 자루의 몽당붓은 그럴 수도 있겠다는 생각이 들기도 하지만, 그래도 이것이 말처럼 쉬운 일은 아니다. 어떻게 보면 편지의 내용이 너무 과장된 것이 아닌가 의심이 들기도 하지

만, 내용을 곱씹어 보면 결국 추사는 제자인 권돈인에게 글씨를 잘 쓰기 위해서는 쉬지 않고 노력하는 '자강불식(自强不息)'의 자세를 강조하고 있음을 알 수 있다.

요즘 같이 빠르게 변화하고, 새로운 것이 계속 등장하는 세상에 '글씨(書) 예술'은 맞지 않는 것일 수도 있다. 글씨(書)라는 것이 평생토록 끊임없이 갈고 닦아 나아가야 하는 예술이기 때문이다. 글씨의 수련에 '자강불식(自强不息)'의 자세를 이야기하고 강조하는 까닭이 여기에 있다. 비록 추사처럼 열 개의 벼루를 구멍 내거나 천개의 몽당붓 까지는 아니더라도 스스로 쉬지 않고 꾸준히 노력한다면, 글씨를 쓰는 모든 이들이 한번쯤 꿈꿔보는 현대판 추사의 출현도 불가능한 일은 아닐 것이다. 더불어 '마천일연(磨穿一硯)'이라는 개인적 바람도 함께.

自　强　不　息
스스로 자　힘쓸 강　아니 불　쉴 식

독서파만권 [讀書破萬卷]

1만 시간의 법칙 vs 1만권의 독서.

　　1만 시간의 법칙이 세상을 떠들썩하게 한 적이 있다. 어떤 한 분야의 전문가가 되기 위해서는 최소한 1만 시간 정도의 훈련이 필요하다는 법칙이다. 1만 시간은 하루에 5시간씩 매일 한 분야에 투자할 경우 5년이 조금 넘는 시간이다. 3시간씩 투자하면 약 10년이 걸리는데, 전문가가 되기 위해 하루에 3시간씩 투자한다는 것은 요즘의 현실에 비추었을 때 무언가 부족한 감이 있다는 생각이 든다. 전문가가 되기 위해 밤낮없이 연습했다는 뉴스만 봐서 그런가보다. 편견인지도 모르겠다.

　　아무튼 1만 시간의 법칙이 인기를 끈 이유는 어느 한 분야의 전문가가 되기 위해 노력하는 시간이 상상이 아닌 과학적인 수치로 계산되어 사람들의 궁금증을 풀어주어서가 아닐까 싶다. 만약 이 법칙이 세상에 알려지지 않았다면 그 길을 걷는 시간이 막연하게만 느껴졌을 테니 말이다.

　　이와 비슷하게 동양에서는 오래전부터 만권의 법칙을 이야기

하고 있다. 당나라를 대표하는 시인인 두보(杜甫)는 '독서파만권 (讀書破萬卷) 하필여유신(下筆如有神)'이라는 유명한 시구(詩句)를 남겼다. '책을 만권을 읽고 글을 쓰니 신이 들린 듯 하네'라는 뜻이다. 또 송나라의 소동파(蘇東坡)도 《동파제발(東坡題跋)》에서 '퇴필성산미족진(退筆成山未足珍) 독서만권시통신(讀書萬卷始通神)'이라는 글을 남겨 놓았다. '못 쓰게 되어 버린 붓이 산같이 쌓여도 아직 보배스러운 글씨가 되기에는 부족하고, 만권의 책을 읽어야 비로소 정신이 통할 수 있다'는 뜻이다.

예나 지금이나 만권의 책을 읽기란 결코 쉬운 일이 아니다. 특히 오늘 날에는 더더욱 어렵다. 그런데 만권의 책을 읽어야만 비로소 글씨를 씀에 정신이 통한다고 하니, 글씨 전문가가 되는 일이 결코 쉬운 것이 아님을 위 글로 미루어 알 수 있다. 더군다나 글씨에서 지켜야할 원리와 원칙, 규범 등을 공부하고 이를 작품으로 표현하기까지 많은 노력과 시간이 필요함을 더하면 전문가의 길은 더욱 험난하게 여겨진다.

여기에 더해 글씨의 품격까지 요구한다. 설상가상이다. 글씨의 품격은 기본적으로 글씨를 쓰는 전문가 혹은 작가라면 최소한 자신이 쓰는 글씨에 대한 지식과 교양은 어느 정도 갖추고 있어야 한다는 얘기다. 예컨대 요리사가 음식을 만들면서 그 음식에 대한 지식이 없다면 어느 누구도 그 사람을 요리사로써 대접하지 않을 것임은 자명한 일이기 때문이다.

조선후기 명필로 추앙받는 추사(秋史)는 글씨를 쓰기 위해서

는 '문자향(文字香) 서권기(書卷氣)'가 있어야 한다고 말한다. 만권
의 독서로 얻는 글씨의 격을 이야기 하는 말이다. 오늘날 말하
는 글씨 전문가가 되기 위한 조건인 셈이다. 그리고 서양에서
는 전문가가 되는 1만 시간의 법칙을 이야기 한다. 이를 모두 종
합해 보면 글씨(書) 전문가 혹은 작가가 되기 위해서는 1만권의
독서와 1만 시간의 법칙이 필요한 셈이다. 글씨, 참 어렵다.

讀　書　破　萬　卷

읽을 **독**　글 **서**　깨뜨릴 **파**　일만 **만**　책 **권**

흥회 [興會]

창작에 있어서의 우연욕서(偶然欲書).

전시장을 둘러보다보면 간혹 가다 작품의 형식만을 얼추 비슷하게 만들어 놓은 작품들이 눈에 띄는 경우가 있다. 이 작품들은 작가의 마음이 동하지 않았는데 전시회를 위해 어쩔 수 없이 만들어 냈어야하는 작품이었거나 혹은 작품을 위해 만들어진 작품으로 추측할 수밖에 없다. 그렇기에 작품에서 작가가 전하고자 하는 메시지나 정신은 당연히 찾아 볼 수 없다. 칸딘스키는《예술에서의 정신적인 것에 대하여》에서 이렇게 말하고 있다. "예술가의 힘을 무산시키는 것이 곧 '예술을 위한 예술'이다."

동양에서는 예로부터 작품 창작의 원천을 '흥회(興會)'라는 것에서 찾았다. 요즘말로 설명하면 '창작충동(創作衝動)'이나 '영감(靈感)'쯤 되지 않을까 싶다. 원래 '흥회'는 시(詩) 창작을 논함에 있어 매우 중요하게 다뤄지는 개념이었는데, 점차 시간이 지나면서 글씨(書) 창작에도 '흥회'라는 개념을 중요시 여기게 되었다. 그 예로 당나라의 장회관은《서단(書斷)》에서 '우연히 흥회가 있으면 만나서 필획이 이루어진다(偶有興會 則觸遇造筆)'고 말하고 있다. 우연히 일어난 창작충동이나 영감을 따라 글씨를 쓰게 되면 자연스레 글씨가 이루어진다는 말이다. 이를 '우연욕서(偶然欲書)'라고 말하기도 한다.

특히 추사 김정희는 '흥회'의 중요성에 대해 다음과 같이 말하고 있다.

법은 사람마다 전수받을 수 있지만 정신과 흥회는 사람마다 스스로 이룩해야 하는 것이다. 정신이 없는 것은 서법이 아무리 볼만하다 해도 능히 오래두고 완색하지 못하며 흥회가 없는 것은 자체가 아무리 아름다워도 기껏해야 자장(字匠)이란 말 밖에 듣지 못한다.

法可以人人傳 精神與興會 則人人所自致 無精神者 書法雖可觀
법 가 이 인 인 전 정 신 여 흥 회 칙 인 인 소 자 치 무 정 신 자 서 법 수 가 관

不能耐久索翫 無興會者 字體雖佳 僅稱字匠
불 능 내 구 색 완 무 흥 회 자 자 체 수 가 근 칭 자 장

즉 정신과 흥회는 배울 수 없는 것으로 작품에 정신이 없으면 오래두고 감상하지 못하며, 흥회가 없다면 글자가 아무리 아름다워도 글씨 쓰는 기술자 밖에 안 된다는 말이다. 예술가가와 기술자의 차이다.

우리가 글씨(書)를 쓰고자 할 때 억지로 시간에 맞춰 끝내야
할 때와 문득 쓰고 싶은 마음이 충만해져 쓰는 글씨는 매우 다
름을 보거나 느낄 수 있다. 예컨대 창작충동이나 영감이 차올
라 쓸 때는 붓이 흥에 겨워 저절로 움직여 글자가 완성되는 경
험을 하게 된다. 또 우연찮게 본 문구에 마음이 끌려 창작 의욕
이 넘쳐나는 경우도 그렇다. 갑작스레 생겨난 '창작충동'이나
'영감'에 따라 일필휘지(一筆揮之)하고 나면 나름 흐뭇하게 바라
볼 수 있는 글씨가 작성되는 경우가 종종 있다. 이런 글씨는 오
래 감상할 수 있을 뿐만 아니라 글씨에서 어떤 '무언가'를 전달
받을 수 있다. 억지로 붓을 먹물에 적셔 억지 글꼴을 만들어 내
는 것과는 차원이 다르다.

칸딘스키는 말한다. "모든 '예술 센터'에는 수천 명의 이와
같은 예술가들이 있다. 그들 중에 대다수는 가슴은 차갑고, 정
신은 잠에 취한 채 아무런 흥미도 없이 수많은 작품을 만들어
내면서 오로지 새로운 매너리즘만을 추구하고 있을 뿐이다."

우리가 글씨(書)를 쓰면서 예술을 위한 예술, 작품을 위한 작
품을 쓰고 있지는 않은지, 수많은 글꼴을 쓰면서 정신이 몽롱
한 채 아무런 '흥회(興會)' 없이 매너리즘에 빠져 있지는 않은지,
그저 글씨 쓰는 기술자(字匠)에 불과할 뿐인지 스스로 가늠해 볼
여유와 정신이 필요하다.

興　　會

일어날 **흥**　　모일 **회**

필작어세 [必作於細]

디테일이 강한 글씨가 좋은 글씨다.

노자(老子) 《도덕경(道德經)》에 '천하대사(天下大事) 필작어세(必作於細)'라는 말이 나온다. '세상의 큰일은 반드시 작은 것에서 시작된다'는 뜻이다. '큰일을 하려면 작은 일부터 잘 하라'라는 소리는 어른들의 단골 멘트이기도 하고 또 자주 듣는 말이기도 하다. 그리고 아무것도 아닌 사소한 일에서 큰 일이 되는 사례는 수도 없이 보고 겪기도 한다. 불과 얼마 전 세상의 큰일은 작은 것에서부터 시작된다는 것을 국민 전체가 몸소 체험하고 겪기도 했다. 촛불로 대변되는 이 커다란 일은 '천하대사(天下大事) 필작어세(必作於細)'라는 말을 실감케 한 좋은 예다.

글씨도 마찬가지다. 좋은 글씨는 반드시 작은 부분이 성공적으로 잘 처리되어야만 그로부터 시작할 수 있게 된다. 예를 들어 글씨를 쓸 때 프로와 아마추어의 차이는 글자를 구성하는 관점에서부터 상당한 차이를 보인다. 초보자들은 대부분 강조하는 획을 어떻게 쓸 것인가를 걱정한다. 어느 정도 획을 길게 늘려야 관객의 눈을 사로잡을 수 있을지, 혹은 멋들어진 곡선 획이나 갈필 획을 어떻게 얼마만큼 사용해야 될지를 놓고 심각하게 고민을 한다.

프로는 다르다. 프로는 강조할 필획을 걱정하지 않는다. 오히려 강조되는 필획의 주위에 포진해있는 필획이나 글꼴을 어떻게 만들어 놓아야 실제 강조되는 글자나 필획이 더욱 돋보일 수 있을까를 계산하고 이에 정신을 집중한다. 즉 초보자는 직접적으로 눈에 들어오는 강조되는 글자나 점획 등 큰 부분에만 집중한다면, 프로는 강조점이 아닌 주위의 작고 세밀한 부분의 처리를 먼저 고민하는 것이다.

또 프로와 아마추어는 붓 끝의 처리나 운용의 미세함에서도 다르다. 초보자들은 거칠다. 자형의 짜임도 거칠고 획도 거칠다. 획의 시작과 마무리 부분의 붓 처리 미숙으로 붓끝이 노출되는 일이 다반사다. 이렇게 됨으로써 글자가 가시나무가 된다. 이는 곧바로 보는 이의 시선을 흩트려 놓는 원인이 된다. 글자에 집중시켜도 모자랄 판에 오히려 역효과를 낸다. 아마추어의 특징이다.

프로는 철저하게 붓끝을 감추고 보호한다. 서론(書論)에 '장두호미(藏頭護尾)'라는 말이 있다. '머리를 감추고 꼬리를 보호한다'는 말로, 획의 시작과 끝 부분에서 붓끝이 노출되는 것을 경계하는 말이다. 실제 글자에서 붓끝이 노출되었을 때 그 길이는 단 1mm도 안 된다. 하지만 프로는 이를 감추려고 애쓰며 노력한다. 결단코 한 터럭도 용납할 수 없다는 각오로 말이다.
왜냐하면 프로는 작은 붓끝의 노출이 어떤 결과를 초래할지 알
기 때문이다. 또 그들은 작고 세밀한 디테일에서부터 좋은 글
씨가 시작된다는 것을 알기에 더 그렇다.

　세상일이나 글씨 쓰는 일이나 모두 작은 것부터 시작된다.
글씨의 완성도는 작은 부분이 얼마나 세밀하고 섬세하게 완성
되었느냐에 따라 달라진다. 또 섬세한 디테일이 살아있어야 작
품 전체가 살아날 수 있다. '필작어세(必作於細)', 좋은 글씨로 가
기 위한 시작인 동시에 지름길이다.

必　作　於　細

반드시 **필**　지을 **작**　어조사 **어**　가늘 **세**

줄탁동시 [啐啄同時]

선생님은 꿰뚫어 볼 수 있는 눈이 있어야 한다.

요즘은 시골이라 해도 마을길이 잘 닦여 있는데다가 아스팔트나 시멘트로 포장도 잘 되어있다. 이렇듯 대부분의 시골길이 잘 정비되어 있는데 어쩌다 길을 잘 못 들게 되면 비포장 길을 만나는 일도 종종 생긴다. 게다가 비라도 오는 날이면 진창길로 변해 자칫 낭패를 보기십상인 경우도 있다. 혹여 자동차 바퀴가 진창에 빠져 아무리 용을 써도 헛바퀴만 돌때는 실로 난감하다. 이때 꼭 필요한 것이 차를 견인할 수 있는 무언가다. 조금의 도움만으로도 진창에 빠진 차를 건져낼 수 있으니 말이다.

우리가 많이 쓰는 사자성어 중 '줄탁동시(啐啄同時)'라는 말이 있다. 원래 이 말은 불서(佛書) 《벽암록(碧巖錄)》의 '줄탁동기(啐啄同機)'에서 나온 말로 알 속의 병아리가 껍질 안쪽을 쪼아 세상으로 나오려고 할 때, 때를 맞춰 동시에 어미 닭이 밖에서 껍데기를 쪼아 깨는 것을 도와준다는 뜻이다. 여기서 핵심은 어미

닭이 알을 다 쪼아서 깨주는 것이 아니라 병아리가 스스로 알을 깨고 나올 수 있도록 작은 도움만 준다는 점이다. 그래서 어미닭이 알을 쪼아주는 타이밍이 중요하다.

글씨 쓰기 또한 이와 같다. 학생이 처음 글씨 쓰기를 접하고 난 후 글씨 쓰기에 재미가 들기 시작할 무렵에는 날마다 실력이 쑥쑥 느는 것처럼 느껴진다. 그러다 어느 순간 글씨가 제자리에서 맴돌고 있다고 생각이 드는 시기가 온다. 이때는 아무리 노력하고 앞으로 나아가려 해도 좀처럼 뜻대로 되지 않는다. 답답한 시간만 흘러 갈 뿐이다. 마치 병아리가 껍질을 깨기 위해 껍질 안에서 필사적으로 껍질을 쪼는 것과 같다.

이때 선생님은 어미닭이 되어야 한다. 단 몇 번의 쪼임이 병아리에게 큰 도움이 되듯 학생 스스로 깨우칠 수 있도록 만드는 것이 선생님의 역할이기 때문이다. 그래서 선생님은 늘 적확한 타이밍을 놓치지 않도록 학생에게 세심하게 주의를 기울이는 노력이 필요하다. 무심한 듯, 하지만 세심하게 지켜보는 자세 말이다. 글씨 선생님은 그래야 한다.

학생이 글씨 정체기에 빠졌을 때 학생과 같이 조급해 하거나, 선생님이 글씨 하나하나에 모두 다 참견하기 시작하면 학생은 스스로 깨우치는 기회를 잃어버리게 된다. 게다가 선생님이 체본까지 남발하기 시작하면 그나마 남아있던 자생력도 사라지게 된다. 선생님은 정체기가 왜 왔는지, 무엇 때문에 오게 되었는지 근본 원인부터 파악해야 한다. 선생님의 경험칙으로

'척' 보면 알 수 있는 경우도 있지만 경험칙에서 벗어난 다양한 원인도 있을 수 있다. 조심조심 찬찬히 들여다보아야 한다. 그래야 정체기를 벗어날 수 있는 알맞은 처치 방법을 학생에게 일러 줄 수 있다. 그 처치 방법도 무심히 툭 던져주거나 방법을 제시해 주는 것만으로 도움을 다하면 그 뿐이다. 해답은 없다. 그러면 나머지는 학생 스스로 노력해서 깨달아야 한다. 깨달아야 할 때 깨닫지 못하면 어쩔 수 없다. 프로가 되는 일은 쉬운 일이 아니다.

　이러한 과정을 몇 번이고 겪어야 전문가로 성장할 수 있다. 그리고 스스로 깨달음을 얻어야 시간이 흘러 나중에 선생님의 역할이 주어지게 되면 올바른 선생님의 역할을 수행할 수 있다. 학생이 껍질을 깨고 나오고자 열심히 노력하는 순간을 놓치지 않는 좋은 선생님 말이다.

啐　啄　同　時

빠는 소리 **줄**　　쪼을 **탁**　　한가지 **동**　　때 **시**

지백수흑 [知白守黑]

글씨는 공간에 대한 설계가 중요하다.

요즘은 자신을 널리 알려야 하는 셀프 홍보의 시대다. 유명인들 뿐만 아니라 일반 대중들도 SNS를 통해 오늘은 어디를 갔는지, 또 무엇을 먹었는지, 맛은 있는지 없는지 등 시시콜콜한 것까지 알린다. 자신을 숨기고 감추는 것을 미덕으로 삼았던 동양의 전통과는 확연히 달라졌다. 하지만 셀프 홍보가 늘 좋은 일만 생기는 것은 아니다. 유명 셀럽들이 한 순간의 과욕으로 그동안 쌓은 노력이 물거품이 되거나, 혹은 구설수에 곤혹을 치르며 나락으로 떨어지는 경우를 제법 볼 수 있기 때문이다. SNS로 유명세를 타기도하지만 한 순간에 추락하는 것도 눈 깜짝할 사이다.

노자 《도덕경(道德經)》에 '지기백(知其白) 수기흑(守其黑) 위천하식(爲天下式)'이라는 말이 있다. '밝은 지식을 가지고 있으면서도 이를 나타내지 않고 대우(大愚)의 덕을 지키면 세상의 모범이 된다' 는 뜻이다. 즉 스스로 잘 났다고 내세우지 말고 숨기라는 이야기다. 그러면 세상의 모범이 될 수 있다는 깊은 철학이 담겨 있다. 오늘날 자신의 홍보에 과도하게 몰입하고 있는 사람들에게 적절한 말일 듯싶다.

그런데 이 말은 글씨(書)와도 딱 들어맞는다. '백(白)'은 공간을, '흑(黑)'은 필획으로 치환해보면 '공간을 알고 획을 지키면 세상의 모범이 된다'는 뜻이 된다. 이는 글씨 쓰기의 기본원리이기도 하다.

공간도 모르고 획을 지키지도 않으면서 글씨를 쓰게 되면 끝 모를 밑바닥까지 추락한다. 그래서 우리는 이런 글씨를 '막글씨'라 부른다. 그렇기에 공간도 모르면서 우쭐대며 나대는 글씨는 써서는 안 된다.

'지백수흑'과 비슷하지만 더 멋진 말이 서론(書論)에 있다. '계백당흑(計白當黑)'이 그것이다. 포세신의《예주쌍즙(藝舟雙楫)》에 나오는 말로 '백을 계산해서 마땅한 곳에 흑을 쓰라'는 뜻이다.

자획이 성근 곳은 말이 달릴 수 있도록 하고, 조밀한 곳은 바람도 통하지 않게 쓰고, 늘 백을 계산해서 마땅한 곳에 흑을 쓰면 기취가 여기서 나온다.

字畫疏處可以走馬, 密處不使透風, 常計白而當黑, 奇趣乃出
자 화 소 처 가 이 주 마　밀 처 부 사 투 풍　상 계 백 이 당 흑　기 취 내 출

위 글은 작품의 설계에 대한 글이다. 즉 작품의 공간을 계산해서 글자를 배치해야 좋은 작품이 된다는 뜻이다. 서예용어로는 이를 '장법(章法)'이라 말한다. 요즘의 디자인 용어로는 '레이아웃'이라는 표현이 좋을 듯싶다.

이 '계백당흑'론의 대표적인 예가 우리에게 잘 알려진 추사의 '계산무진(谿山無盡)'이라는 작품이다. 작품 속 말이 달릴 수 있을 것 같은 광활한 공간과 바람도 통하지 않을 것 같은 공간이 한 작품 안에서 매우 치밀하게 계산되어 어우러져 있음을 볼 수 있다.

그리고 '계백당흑'론은 '숭례문' 현판이나 사찰의 대웅전 현판들의 글자 구성법에도 사용된다. 현판 글자의 획들 대부분은 모두 두텁게 처리되어 있으며 획과 획 사이의 공간은 바람도 통하지 않을 듯 빽빽하게 구성되어 있다. 큰 글자를 멀리서 볼 때 획과 획 사이 공간이 많으면 가독성이 떨어지기 때문이다. 그래서 큰 글씨를 쓸 때는 공간을 '바람도 통하지 않도록' 만들어야 하며, 반대로 아주 작은 글씨를 쓸 때는 '말이 달릴 수 있도록' 공간을 설계해야 한다.

글씨의 공간을 모른다는 것은 건축에서 설계도 없이 집을 짓는 것과 같다. 공간에 대한 이해와 정확한 설계는 좋은 글씨와 좋은 작품의 필요충분조건이다. 정확하게 설계된 글씨에서는 결코 '막글씨'가 나올 수 없다. '막글씨'는 공간에 대한 무지에서 비롯된다. '공간을 알고 이를 계산한 후에 글씨를 쓰면 세

상의 모범이 될 수 있음'을 명심해야 한다. 더불어 글씨에서도
대우(大愚)의 덕을 지켜야 함도.

知　白　守　黑

알 **지**　흰 **백**　지킬 **수**　검을 **흑**

곤이학지 [因而學之]

어느 순간 글씨(書)가 정체되면 배움으로써 풀어내야 한다.

세상 모든 일이 마음먹은 대로 이루어지거나 좋은 일만 생길 수 있다면야 이보다 더 좋은 일이 없겠지만 안타깝게도 세상일이 뜻대로만 되지 않는다는 건 삼척동자도 다 아는 일이다. 글씨를 배우고 쓰는 일도 마찬가지다. 글씨라는 것이 매일 쓰고 연습하는 대로 실력이 쑥쑥 늘어 간다면 그보다 더 좋은 일은 없다. 그렇지만 노력만큼 뜻대로 안 되는 분야라는 것이 글씨 쓰기를 접해 본 사람이면 공통적으로 하는 이야기다. 만약 누구나 연습해서 되는 것이라면 서예나 캘리그라피가 예술이 될 수 없었을 것이며, 굳이 돈을 지불해서까지 글씨를 구입하거나 예술을 하는 작가로써 대접할리 만무하다.

글씨는 시간과 노력에 비례해서 늘지 않는다. 어느 정도 성과가 있다 싶으면 정체기가 찾아온다. 그리고 그 정체기를 극복해야만 한 단계 더 높이 오르는 경험을 할 수 있다. 계단식 향상이 이루어지는 것이다. 중요한 것은 정체기가 찾아왔을 경우다. 이것은 마치 운동선수가 슬럼프에 빠지는 것과 같다. 슬럼프에 빠진 선수가 어떤 노력을 얼마만큼 어떻게 하느냐에 따라 슬럼프를 극복하는 시간이 달라진다. 자칫 잘 못하면 슬럼프에서 못 빠져 나와서 재기 불능상태가 되는 경우도 발생하게 된다. 결국 자기 자신과의 싸움인 셈이다.

《논어(論語)》에 다음과 같은 말이 나온다.

태어나면서부터 아는 사람이 위이며, 배워서 아는 사람은 다음이며, 어려움에 부딪치게 되어서 배우는 사람은 또 그 다음이다. 어려움에 부딪치고도 배우지 않는 사람은 그 아래가 된다.

生而知之者 上也 學而知之者 次也 困而學之 又其次也
생 이 지 지 자 상 야 학 이 지 지 자 차 야 곤 이 학 지 우 기 차 야

困而不學 民斯爲下矣
곤 이 불 학 민 사 위 하 의

이 중 '생이지지'나 '학이지지'는 차치하고라도 글씨를 공부하는 이들이라면 반드시 유념해야 할 말이 '곤이학지(困而學之)'다.

글씨 정체기가 오게 되면 막연함과 답답함, 그리고 유혹이 같이 찾아온다. 즉 '곤(困)'의 시기가 닥친 셈이다. 이 곤(困)을

헤쳐 나가기 위해 취하는 행동은 여러 가지가 있지만 대부분 대동소이하다. 예를 들면 글씨 연습 양을 대폭 늘려본다든지, 혹은 애먼 붓 탓을 하며 붓을 바꿔 보기도 한다.(그동안 문제없이 잘 써오던 붓은 무슨 죄인지도 모른 체 생을 마감하게 된다. 붓의 입장에서 보면 얼마나 억울한 일인가)

그런데 이러한 노력과 시도에도 불구하고 해답을 얻지 못하는 애석한 상황이 발생하거나, 또 해답을 얻더라도 그 시간이 지나치게 오래 걸리는 경우를 수없이 보아 왔다. 초보자들의 경우에는 글씨 공부를 포기하게 되는 상황에 이르게 되기도 한다. 배움의 과정으로 치부하기에는 그 대가가 너무 크다.

글씨가 곤(困)해지는 시기는 어느 누구도 피해갈 수 없다. 이를 현명하게 대처하는 방법은 인정하는 일로부터 시작해야 한다. 그리고 난 후 냉철하게 그 원인과 이유를 분석하고 파악하려 노력해야 한다. 원인 분석 없이는 해답을 찾을 수 없다. 자신의 글씨를 낱낱이 해부해 정체기가 발생한 원인을 찾아야 한다. 스스로 못 찾겠거든 선생, 선배, 동료, 친구, 후배 등 지위 여하를 따지지 말고 부탁하는 수고도 감내해야 한다. 공부에 부끄러움은 없다. 당연한 일이다. 듣기 싫은 단점 뿐 아니라 조그마한 조언이라도 가리지 말아야 한다.

대부분 곤(困)함은 과(過)함이 원인인 경우가 많다. 글씨의 과함은 속(俗)으로 빠져드는 결과를 초래한다. 글씨가 지나치게 과장되어 있지 않은지, 아니면 스스로 이를 추구하고 있지는

않았는지, 또 헛된 자만심으로 가득 차 있지는 않았는지 살펴
봐야 한다. 이러한 분석과 해결하고자 하는 연구와 노력을 통
해 곤함을 스스로 헤쳐 나갈 수 있는 방법과 힘을 터득해야 한
다. 그래야 다음에 또 찾아오는 곤을 이겨낼 수 있다. 이 힘이
생기지 않는다면 사람들의 눈을 현혹시키는 속임수의 유혹, 즉
과(過)함에 더욱 깊이 빠져 헤어 나오지 못하게 될 가능성이 농
후하다. '곤이불학(困而不學)'이 되는 것이다.

글씨의 정체기는 일정 수준에 도달할 때 까지 몇 번이고 찾
아온다. 아니 어쩌면 글씨를 쓰는 내내 찾아오는 것일지도 모
른다. 곤이라는 것은 과(過)함이 있는 곳이라면 언제든 예고 없
이 불쑥 불쑥 찾아오는 것이기에 그렇다.

글씨를 공부하는 사람에게 '곤이학지(困而學之)'는 늘 반복되고
순환되는 숙명이 아닐는지.

困　而　學　之

곤할 **곤**　　말이을 **이**　　배울 **학**　　어조사 **지**

학광어성저 [學廣語聲低]

잘 쓴 글씨는 조용하지만 울림이 있다.

인터넷 세상은 요지경이다. 별의별 정보들이 사람들의 호기심을 자극하기도 하고, 제목을 독특하게 지은 콘텐츠로 네티즌들을 유혹하기도 한다. 뿐만 아니라 개개인이 필요로 하는 정보는 검색어만 넣으면 몇 초도 안 되어 주르륵 한 화면을 빼곡히 채워준다. 친절하게도 다음 페이지에 더 많은 정보가 있다고 표시까지 해준다.

이렇게 친절한 인터넷의 바다에서 캘리그라피라는 검색어를 넣고 결과를 보다 '캘리그라피 잘 쓰는 법'이라는 제목이 붙어있는 콘텐츠를 보게 되었다. 좋은 콘텐츠를 발견했다는 즐거움에 속으로 쾌재를 부르면서 읽는 순간 얼굴이 뻣뻣하게 굳어져가고 있음을 감지했다. 콘텐츠에서 보여주는 정보는 감내할 수 있는 정보의 오류를 넘어 잘못된 정보, 틀린 정보를 무차별 쏟아내고 있었다.

도대체 왜 이런 말도 안 되는 정보를 남발하고 있는지 또 그

피해에 대해서는 한번이라도 생각해 봤는지 묻고 싶었지만 참을 수밖에 없었다. 마지막 문장에 캘리그라피를 배운지 이제 막 한 달 되었다고 자랑스럽게 얘기하고 있었기 때문이다. 옛 속담이 괜히 생긴 게 아니라는 걸 다시금 상기시켜 주었다. 정말 빈 수레는 요란하다는 것을.

노자 《도덕경(道德經)》에 "수심파랑정(水深波浪靜) 학광어성저(學廣語聲低)"라는 말이 있다. '물이 깊으면 파도가 조용하고, 학문이 넓으면 말소리가 나직하다'는 뜻이다. 어떤 학문이든 깊이 들어가면 들어갈수록 그 학문의 세계가 얼마나 되는지 도무지 가늠조차 할 수 없는 현실을 마주하게 된다. 이때가 되면 스스로가 사막의 모래알처럼 미약한 존재로 느껴지게 된다. 말도 함부로 하지 못한다. 자신의 지식이 깃털처럼 가볍다는 것을 알기에.

글씨(書)라는 것이 일반 사람들에게는 매일 보고 쓰는 일상의 행위이니 쉽게 여겨지는 것은 당연지사다. 캘리그라피가 폭넓게 확산 될 수 있었던 이유도 일반의 눈높이에 맞춰 접근성을 용이하게 했기에 가능했으리라 생각한다. 그렇다고 캘리그라피라는 분야가 고작 한 달 배우고 '캘리그라피 잘 쓰는 법'을 논하거나 이야기 할 수 있는 분야는 결코 아니다. 글씨(書)라는 것이 우리가 아는 것처럼 그리 녹록한 분야가 아니기 때문이다.

대부분 캘리그라피의 기초 과정을 마치는데 많으면 석 달, 짧으면 두 달여의 시간이 걸린다. 이 두 세 달의 과정은 말 그대로 기초과정이다. 기초과정은 그저 캘리그라피에 입문하기 위한 준비 단계일 뿐이다. 캘리그라피를 써 놓은 것만 보아도 안다. 기초과정에 있거나 이 과정을 막 끝마친 초보자들은 자신의 글씨를 뽐내기에 급급하다. 획은 요란하고 글자는 번잡하다. 온통 치장과 기교로 뒤덮여 서로 서로 봐달라고 아우성이다. 어디 한군데 조용히 눈 둘 곳이 없다. 빈 수레가 요란한 것처럼 말이다. 반면에 프로의 글씨는 검소하고 조용하다. 군더더기 없이 깔끔하다. 대신에 조용한 울림과 임팩트가 있다. 프로와 아마추어의 차이다.

이 차이를 알게 되는 순간부터는 글씨에 대해 함부로 말을 할 수 없게 된다. 글씨의 세계가 '바다를 본 자는 물을 말하기 어려워한다(觀於海者難爲水)'는 것과 같음을 알았기 때문이다.

學 廣 語 聲 低

배울 학　넓을 광　말씀 어　소리 성　낮을 저

전불습 [傳不習]

제대로 익혔는가.

맛이 평균적으로 똑같다는 체인점을 가보면 희한하게도 각 지점에 따라 미묘하게 맛의 차이가 난다. 어느 지점은 더 맛있고, 또 어느 지점에 가면 이상하리만큼 맛이 없다. 아마도 여러 가지 이유가 있겠지만 그 이유 중 하나는 본점에서 전해주는 기술과 노하우를 완전히 자신의 것으로 습득하지 못해서 생기는 일일 수 있다.

《논어(論語)》에 '전불습(傳不習)'이라는 말이 나온다. '배운 바를 제대로 익히지 않은 것은 아닌가'라는 성찰의 뜻이다. 이 글을 읽을 때마다 속이 뜨끔뜨끔하다. 과연 나는 배운 것을 완전히 익히고 있는가, 또 나도 모르게 어물쩍 내 자신을 속이고 있는 것이 아닌가라는 생각이 들고는 해서다. 하물며 한글을 아름답게 쓰는 것을 업으로 삼고 있음에도 한글 쓰기에 대한 법을 온전히 알고 있는가에 대해 생각해 보면 얼굴이 붉어진다.

모두 다 알다시피 우리 선현들이 남겨 놓으신 여러 글씨 중에 '궁체'가 있다. 궁체는 수 백 년에 걸쳐 한글 쓰는 법을 체계적으로 정리 집대성한 글씨다. 일종의 한글 쓰기에 대한 대표적인 규범이라고 할 수 있다. 또한 궁체는 당시 사회 구성원들 간의 한글 쓰기에 대한 약속이기도 하다. 이처럼 한글 쓰기에 대한 일정한 형식과 규칙이 전승되어 온 서체는 궁체 외에 없다고 봐도 무방하다.

요즘 젊은 세대에서 '진지하다'는 표현을 '나 궁체다' 혹은 '궁체로 썼다'로 표현하기도 한다. 느가 만든 말인지는 모르겠지만 글씨를 쓰는 입장에서 브면 적절하게 맞는 말이다. 궁체를 쓰는데 있어 정해진 기본 규칙과 형식을 지켜 한 치의 흐트러짐 없이 엄숙하고 진지하게 써낼 때 비로소 우리는 그 글씨를 보고 '궁체'라고 말할 수 있기 때문이다.

그리고 또 다행스럽게도 선현들은 우리에게 다양한 종류의 궁체를 남겨주셨다. 궁체 정자, 반흘림, 흘림, 진흘림 등이 그것이다. 이중 한자의 초서격인 진흘림은 한글임에도 불구하고 일반인들은 읽지 못한다. 아니 읽을 수 없다. 따로 공부하지 않는 한 불가능하다. 하지만 진흘림의 활달한 필치며 아름다운 자태는 가히 한글 예술의 최크 정점에 있다고 해도 과언이 아니다. 한글을 예술로 접근하고자 한다면 필히 알고 쓸 수 있어야 하는 서체로, 이를 통해 한글 쓰기의 진수(眞髓)를 느낄 수 있다.

캘리그라피 작가라고 말하거나 글씨 쓰기에 더한 전문가라는 말을 하려면 최소한 궁체에 대한 기초적인 지식이 반드시 필요하다. 한글 쓰기에 대한 규칙이나 규범도 모르면서 글씨를 쓰는 것은 한글에 대한 예의가 아니다. 불행하게도 한글에 대해 아무것도 모르면서 휘갈겨 쓰는 글씨는 그저 '막글씨'에 불과할 뿐이다. '전불습(傳不習)'이 중요한 까닭이다.

또 하나, '전불습(傳不習)'이 오늘날 글씨를 업으로 삼고자 하는 사람에게 시사하는 중요한 의미가 있다. 바로 가르치는 행위다. 다 익히지 못했음에도 어설픈 지식과 기술을 전달하고 있지는 않은지 스스로의 성찰이 필요하다. 자칫 '선무당이 사람 잡는다'는 말처럼 캘리그라피가 한글에 대한 불필요한 오해를 불러올 수도 있기 때문이다. 배움에 대한 진지한 고민이 필요하다. 오늘 '궁체'다.

傳　　不　　習

전할 **전**　　아닐 **불**　　익힐 **습**

불분불계 [不憤不啓]

열정이 없으면 노하우를 얻을 수 없다.

광고 카피라이팅을 배우러 다닐 때 일이다. 다양한 사람들이 모인만큼 배우는 동기도 다양했다. 현직에 있는 사람부터 회사 직무연수로 어쩔 수 없이 강의를 듣게 된 사람, 진로 탐색 차 배우러온 사람, 카피라이터가 되려는 취업준비생에 글씨(書) 쓰는 데 도움을 받으려는 사람까지. 그야말로 직업도 나이도 천차만별이었다.

첫 수업은 다들 희망찬 포부를 말하며 기대에 부풀어 있음을 역력히 느낄 수 있었다. 하지만 늘 그렇듯이 수업이 어느 정도 진행되면서부터는 열정으로 수업에 다가서는 사람과 억지로 앉아있는 사람, 그리고 이도저도 아니지만 의무감으로 수업에 참여하는 사람으로 나뉘었다. 선생님은 수업의 내용과 자신이 가지고 있는 지식을 모두에게 공평하게 나누어 주려 애썼지만 선생님도 사람인지라 열정적인 학생들에게 마음이 더 가기 마련이었다.

《논어(論語)》에 '불분불계(不憤不啓)'라는 말이 나온다. '배움의 열정이 가득하지 않으면 가르쳐주지 않는다'는 의미다. 글씨(書)를 가르치다보면 정말 많은 학생을 만나게 된다. 직업으로 삼고자 오는 학생과 제2의 직업이 될까하는 반신반의로 배우러 오는 학생, 단순 취미로 배우러 오는 학생, 현직 디자이너로 업무에 바로 이용하고자 오는 학생에 이르기까지 정말로 다양한 인연을 맺게 된다.

첫 강의가 시작되면 학생들 모두가 하나 된 마음으로 열정을 갖고 수업에 임한다. 하지만 시간이 지날수록 뜻대로 안 되는 글씨에 학생들은 마음이 흔들리고 열정이 사그라지기 시작한다. 이때가 글씨를 배울 때 나타나는 첫 고비인 동시에 학생들의 실력이 차이 나기 시작하는 시기다. 이 고비를 노력으로 이겨내는 학생이 있는 반면 애꿏은 손만 탓하며 포기를 고민하는 학생도 있다. 선생의 입장에서는 한 사람이라도 중도에 포기하지 않도록 신경 쓰지만 어쩔 수 없는 경우도 있다.

이때 "힘들지만 더 열심히 해보자!"라고 선생님이 앞장서 분위기를 이끌어 가야 한다. 선생님의 진심이 학생들에게 전해지면 꺼져가던 글씨에 대한 열정이 다시금 되살아나기 시작한다. 서로간의 경쟁심도 다시 불붙는다. 이렇게 분위기를 다시 타기 시작하면 학생들은 글씨의 궁금한 점에 대해 다양한 질문을 쏟아내는 것은 물론 세세한 것 하나라도 더 알아가기를 원한다. 또 그에 대한 전문적인 지식을 요구하는 일도 생기게 된다. 글씨를 배움에 스스로 '분(憤)'하게 되는 것이다.

학생이 분(憤)했으니 그 다음은 선생님의 차례다. 분(憤)한 학생들을 앞에 두고 선생이 '불계(不啓)'할 수 없는 노릇인 것이다. 이때가 되면 비로소 선생은 자신이 갖고 있는 지식을 아낌없이 전하게 된다. 학생이 분하면 분할수록 선생은 자신이 갈고 닦은 여러 기술과 노하우를 공개하게 된다. 그렇다고 무조건 노하우를 전하는 것은 아니다. 학생들에게 안 되면 될 때까지 해보라고 다그치기도 하고 최대한 스스로 극복할 수 있도록 인내심을 갖고 기다리기도 한다. 그리고 마지막에 이르러서야 막힌 길을 뚫고 가는 법을 알려준다.

울지 않는 아이에게는 젖을 주지 않는다. 글씨도 마찬가지다. 스스로의 열정이 보이지 않는다면 노하우를 얻기란 요원하다.

不　憤　不　啓
아닐 **불**　　분할 **분**　　아닐 **불**　　열 **계**

법고창신 [法古創新]

새로운 것을 만들어 낼 때는 근거가 있어야 한다.

캘리그라피는 한글이라는 과학적이며 뛰어난 문자를 바탕으로 이루어지는 예술이다. 문자를 소재로 하고 있는 예술인만큼 문자가 가지고 있는 고유한 약속과 기능에 제한을 받기도 한다. 이는 문자예술의 숙명인 동시에 문자예술만이 갖고 있는 특수성이다. 물론 문자라는 약속과 기능에 얽매이지 않고 작가의 관념이나 감정에 따라 추상으로 표현할 수도 있지만, 이럴 경우 전통적인 문자예술이 아닌 회화의 한 부분으로 인식된다.

《논어(論語)》에 우리가 잘 아는 '溫故知新'이라는 말이 나온다. '溫故而知新 可以爲師矣(옛것을 익히고 복습하여 새로운 것을 알면 스승이 될 수 있다)'는 구절에서 따온 말이다. 옛것을 토대로 새로운 것을 알아간다는 이 말은 예술분야 특히 문자예술에 적확하게 맞는 말이다. 그럼에도 불구하고 이 말을 사용하거나 인용하는 것을 쉬이 보지 못한다. 오히려 대부분의 전시회 타이틀이나 평론 등에는 '온고지신' 대신에 '법고창신(法古創新)'이라는 말이 애용되고 있음을 볼 수 있다. 왜 일까?

'법고창신'이라는 말은 연암 박지원의 〈초정집서(楚亭集序)〉 중 '구능법고이지변(苟能法古而知變) 창신이능전(創新而能典: 진실로 옛것(法古)을 배우되 능히 변용할 줄 알고, 새로운 것을 창조할 때는 능히 전거가 있어야 한다)'이라는 문장에서 나온 말이다. 대학자였던 연암선생이《논어》의 '온고지신'이라는 유명한 말을 놔두고 굳이 문장을 새로 만들어 썼다면 분명 '온고지신'과는 다른 의미를 전하고자 했음이 분명하다.

우리가 언뜻 생각하기에 '온고지신'이나 '법고창신'이나 뜻하는 바가 서로 비슷한 듯하지만, 문장을 주의 깊게 음미하면 둘 사이 미묘한 차이가 있음을 알아 챌 수 있다. '온고지신'이 옛것을 익히는 것에 무게추가 옮겨가 있다면 '법고창신'은 새로운 것을 만들어 내는 것, 즉 '창신'쪽으로 무게 추가 옮겨져 있는 것이다. 이 때문에 창작을 중요시하는 예술분야에서 '법고창신'이라는 말을 더 애지중지 하는 것일 수도 있다.

지금까지 캘리그라피가 여러 사람들에게 호응을 받을 수 있었던 가장 큰 이유 중 하나는 한글이라는 문자를 주된 소재로 하고 있다는 점이다. 그리고 또 다른 결정적 요인이 하나 더 있다. 그것은 이전까지 볼 수 없었던 한글의 다양한 글꼴과 장법을 캘리그라피가 선보였다는 것이다. 캘리그라피는 한글의 구성요소인 초, 중, 종성의 획들을 보다 과감하고 파격적으로 응축시키거나 펼쳐냄으로써 디자이너와 관객들에게 신선한 충격을 주었다. 또한 이러한 한글 꼴에 대한 새로운 시도는 대중의 전폭적인 지지와 호응을 이끌어 내기에도 충분했다. 바로 '창신(創新)'의 결과다.

하지만 균형추가 한쪽으로 너무 기울면 항상 문제가 생기듯, 캘리그라피가 '창신'만을 강조하다보니 뜻하지 않은 일들이 발생하기 시작했다. 어떻게 하면 새로운 것을 만들어 낼 것인가에만 매몰되어 문자예술이라는 특수성을 까맣게 잊기 시작한 것이다.

문자란 기본적으로 그 사회를 구성하는 구성원들 간의 약속이다. 그 약속이 파기될 때 문자는 문자로서의 기능을 상실하게 된다. 그런데 어느 순간부터인가 캘리그라피가 새로움이라는 이름을 앞세워 한글이 지니고 있는 문자의 기능과 규칙, 약속 등을 모두 깨뜨리고 있다. 예술의 자유로움을 핑계로 한글의 꼴을 마음대로 바꾸면서 우리가 '오자(誤字)'라 부르는 글자(글꼴)들이 마치 바른 것 인양 세상에 버젓이 나돌아 다니고 있다. 이는 예술이 아니라 예술을 빙자한 '한글 파괴'다.

연암선생이 말한 바를 다시 살펴보도록 하자. '구능법고이지변(苟能法古而知變) 창신이능전(創新而能典)' 이 글에서 우리가 간과하고 넘어간 부분이 있다. 바로 '새로운 것을 만들어 낼 때 전거가 있어야 한다(創新而能典)'는 부분이다. 캘리그라피도 마찬가지다. 캘리그라피는 어느 날 하늘에서 뚝 떨어진 것이 아니다. 새로운 무언가를 만들어 내려거나 시도하기 위해서는 이에 적합

한 논리적 근거를 댈 수 있어야 한다. 또한 그 근거의 타당성도 따져야 한다. 쉬운 일은 아니다. 하지만 반드시 필요한 일이다. 근거가 올바르고 마땅하다면 당연히 '창신'으로서의 인정과 찬사를 받게 될 것이다.

캘리그라피가 '창신'만을 쫓다가 발생한 여러 문제들을 풀 수 있는 해결의 실마리는 결국 '법고'와 '전거'에 있다. 이를 통해 기울어진 균형추를 바로 맞추는 일을 시작해야 한다. '법고창신'에 맞는 균형이 필요할 때다.

法　　古　　創　　新
법법　　옛고　　만들창　　새신

2부

글씨는 곧 그 사람이다

서여기인 [書如其人]

글씨(書)는 그 사람과 같다.

조선 후기 유명한 서사관(書寫官)이었으며 당시 손꼽히던 명필로, 1922년 제1회 조선미술전람회 심사위원으로 위촉돼 1925년까지 4년간 서예부문 심사위원으로 활동했던 사람이 있다. 그의 서예 실력은 일왕의 귀에 들어갈 정도로 뛰어났다. 그리고 그는 '암흑 천지였던 온 세상을 일왕이 밝게 하였다'는 내용의 14자의 한시를 지어 일왕에게 바친다. 매국노다운 행보였다. 그가 바로 우리 모두가 알고 있는 이완용이다.

한때 글씨를 잘 써 시대의 명필이라 불렸어도 지금은 그를 경멸한다. 을사5적의 한 사람으로 일본에 나라를 팔아먹은 최악의 매국노로 불리기 때문이다. 이러한 이유로 이완용의 글씨는 소장하려고도, 소장하고 있더라도 밖으로 드러내지 않는다. 반대로 독립 운동가들의 글씨는 가격도 가격이거니와 소장 자체를 영광으로 여긴다. 백범 김구 선생이나 안중근 의사의 글씨가 대표적이다. 곧 글씨와 그 사람을 동일시하는 것이다. 송

나라 소동파(蘇東坡)의 《논당육가서(論唐六家書)》에 이에 적확한 말
이 나온다.

옛사람이 서예를 논함에 그 생평도 함께 논하였다. 진실로
그 사람이 그릇되었다면 비록 글씨를 잘 썼다고 하더라도 귀하
지 않다.

古人論書法 兼論其生平 苟非其人 雖工而不貴也
고인논서법 겸론기생평 구비기인 수공이불귀야

글씨를 제아무리 잘 써도 사람이 그릇되었다면 글씨를 그 사
람과 같이 여겨 귀하게 여기지 않았다는 말이다. 이와 같은 동
양의 전통적인 사고방식은 예나 지금이나 같다. 어르신들이 입
버릇처럼 이야기하던 '글씨를 보면 그 사람을 알 수 있다'거나,
조선시대 인물평가의 기준을 신언서판(身言書判)으로 삼은 것 등
이 그렇다.
청나라의 유희재(劉熙載)는 《서개(書槪)》에서 이를 조금 더 구체
적으로 설명하고 있다.

글씨는 같은 것이다. 학문과 같고 재주와 같으며 뜻과 같으
니, 종합하여 말하면 그 사람과 같을 따름이다.

書如也 如其學 如其才 如其志 總之曰 如其人而已
서여야 여기학 여기재 여기지 총지왈 여기인이이

　　결국 '글씨는 그 사람과 같다(書如其人)'는 말이다. 그 사람이 가지고 있는 학문, 재질, 의지 등이 글씨(書)에 그대로 베어난다는 뜻이다. 그래서 글씨를 씀에 있어 이리 저리 획을 날리거나 가벼이 쓰지 말라고 이야기 한다. 또 붓을 꼬아 심한 갈필을 내거나 획을 비틀지 말라고도 한다. 글씨를 쓰는 사람이 진중하지 못하고 가벼워 보이거나, 혹은 뽐내기를 좋아하는 사람으로 비춰질 수 있기 때문이다. 실제 글씨를 뽐내고자 이처럼 쓰는 사람도 있기에 하는 말이다. 그리고 이러한 사람처럼 똑같이 여겨지게 되는 것을 피하기 위해서라도 글씨를 쓸 때는 삼가는 마음가짐으로 조심해야 된다.

　　자신의 학문이 뛰어나고 인품이 훌륭해도 글씨가 천박하거나 상스러워 지니고 있는 학문과 인품이 드러나지 않는다면 소용없는 일이다. 반대로 글씨가 아무리 뛰어나도 사람이 그릇되었거나 매국노라면 그 또한 쓸모없는 일이다. '서여기인(書如其人)'이라는 말을 글씨 쓰는 사람들이 금과옥조처럼 받드는 이유가 여기에 있다.

書　　如　　其　　人

글 서　　같을 여　　그 기　　사람 인

인서구노 [人書俱老]

명필의 첫째 필수 조건은 장수(長壽).

모딜리아니, 고흐, 이중섭…… 우리가 이름만 들어도 알 수 있는 유명한 화가들이다. 이들의 공통점은 천재화가라는 것, 그리고 모두 요절했다는 점이다. 또한 이들은 젊은 시절 삶의 고난에서 벗어나지 못했다는 공통점이 있다. 생을 마감한 후에야 생전에 누리지 못했던 부와 명예를 얻게 되었던 것이다. 안타까우면서도 왠지 모를 짠함이 밀려온다. 그나마 다행인 것은 회화나 음악, 문학 등의 분야는 젊은 나이에 요절하면 '천재'라는 소리를 들을 수 있다는 것뿐만 아니라 더불어 명성을 얻는 일이 가능하다는 점이다.

그러나 문자를 매개로 하는 예술인 서예나 캘리그라피는 이러한 일이 거의 불가능하다. 서예에서 회자되는 말 중에 '소년 문장은 있어도 소년 명필은 없다'는 말이 있다. 문학이나 타 분야에는 천재가 존재하지만 서예에는 천재가 없다는 말이다. 실제로 서예에서는 '천재 명필'이란 단어 자체도 없을뿐더러 '천

재 서예가'로 불리는 사람도 없다. 게다가 요절해서 유명해진 명필이나 서예가는 더더욱 찾기 힘들다. 역사적으로 명필로 추앙받는 서예가들은 당시의 기대 수명보다도 훨씬 더 장수(長壽)한 사람들이다.

이러한 사실로 볼 때 글씨 예술을 업으로 삼는 작가는 결코 요절해서는 아무것도 이룰 수 없다는 점을 깨닫게 해준다. 글씨를 업으로 삼으려거든 오래 살고 보라는 역사가 주는 교훈인 셈이다. 또한 이 점이 다른 예술 분야와의 차이점인 동시에 글씨 예술이 갖는 독특한 특수성 중 하나이기도 하다.

당나라 때 손과정이 지은 《서보(書譜)》에 '인서구노(人書俱老)'라는 말이 있다. 직역하면 '사람과 글씨가 함께 늙는다'는 뜻이지만 '늙는다'라는 말이 그리 썩 유쾌하지 않으므로 '함께 무르익는다(무르익었다)'라는 표현이 좋을 듯하다. 이 말은 손과정이 글씨(書)의 학습과정에 대해 설명하면서 나온 말로 학습과정은 다음과 같은 단계를 거친다. 첫째, 평정(平正)의 추구. 둘째, 험절(險絕)의 추구. 셋째, 평정(平正)으로 복귀다. 이 3단계 과정을 모두 체득하고 익히게 되면 그때서야 '인서구노(人書俱老)'라 할 수 있다는 것이다.

우리가 캘리그라피를 배우는 과정을 생각하면 손과정의 이 말이 십분 이해된다. 처음 캘리그라피를 접하게 되면 선긋기부터 시작해서 공간이 어디 한 곳도 어그러지는 곳이 없도록 글자를 만들고 세우는 방법을 배운다. 이 단계가 평정(平正)이다.

그리고 이 시기가 지나면 고도의 테크닉과 함께 글자의 강조를 어떻게 할 것인지, 변화를 어떻게 줄 것인지를 배우게 된다. 곧 험절(險絶)의 단계다.

하지만 안타깝게도 대부분 캘리그라피의 학습과정은 여기서 끝나게 된다. 캘리그라피 뿐만 아니라 서예도 마찬가지다. 그리고 사실상 세 번째 단계인 평정으로의 복귀는 높은 깨달음을 얻기 전에는 매우 어렵다. 만약 누군가가 마지막 평정으로의 복귀 단계를 성공적으로 마쳤다면 그 사람은 필히 명필의 반열에 올라섰거나 올라설 수 있으리라 확신한다.

그런데 기초인 평정부터 시작해서 험절에 이르기까지는 상당한 물리적 시간을 요한다. 글씨(書)를 조금이라도 써본 사람은 안다. 아무리 천재적인 재능이 뛰어나다 하더라도 단시간에 이를 뛰어넘을 수 없다는 것을.

이것은 시간과 노력으로 얻어지는 결과물이 있어야만 가능하다. 이 때문에 '소년 명필은 없다'는 말을 하는지도 모르겠다. 더군다나 마지막 '평정으로의 복귀'를 얻기까지는 또 얼마의 시간이 걸릴지 알 수 없다. 조금의 예측도 허락하지 않는다. 그저 글씨를 평생의 파트너로 삼아 뚜벅 뚜벅 걸어가는 길 위에 다른 길은 없을 듯싶다. 명필의 반열에 오르기 위한 긴 여정이 시작됨을 알리는 것이다.

그리고 이 여정에 꼭 필요한 것이 있다. 바로 건강이다. 건강해야 글씨를 오래 쓸 수 있으며, 오래 쓸 수 있어야 '명필'이

라는 긴 여정의 목적지에 도달할 수 있는 확률이 높아진다. 이
는 역사가 증명하고 있다. 명필이 되려면 무조건 건강하게 오
래 살아야 된다. '장수(長壽)'는 명필의 첫 번째 필수 조건인 셈
이다.

人　書　俱　老

사람 **인**　　글 **서**　　함께 **구**　　늙을 **노**

근골혈육 [筋骨血肉]

근골혈육을 갖춰야 비로소 글씨라 할 수 있다.

　　동양과 서양의 글씨 문화는 굳이 서로를 비교하지 않아도 알
수 있을 만큼 사람들은 그 다름을 안다. 붓과 펜이라는 재료의
차이가 그러하며, 글씨를 보고 대하는 자세와 관념도 확연히
다르다. 이중에서 특히 관념의 차이는 동서양의 철학적 차이에
서 기인한다.

　　서양에서는 정신적인 것과 육체라는 물질적인 것을 이분법
적으로 나누어 고찰한다. 이에 반해 동양에서는 정신과 육체는
서로 연결되어 분리할 수 없는 존재라고 생각한다. 대표적인
예가 인체를 구체적 상징, 즉 오행(五行)에 비유하는 것이다.《인
물지(人物志)》〈구징(九徵)〉편에 다음과 같은 글이 나온다.

　　木은 뼈에 해당하고, 金은 근육에 해당하며, 火는 기운에 해
당하고, 土는 피부에 해당하며, 水는 피에 해당하니 五行이 드
러난 현상이다.

木骨 金筋 火氣 土 肌 水血 五物之象也
목골 금근 화기 토 기 수혈 오물지상야

　위 글을 통해 인체의 골(骨)·근(筋)·기(氣)·기(肌)·혈(血)을 오행(五行) 사상과 연계시켜 이야기하고 있음을 알 수 있다. 이와 같은 비유법은 동양의 비평문화와 미학의 개념을 형성하는데 매우 중요한 역할을 했다. 우리나라의 훈민정음에 나타난 창제 원리 중 인체의 발음기관 모양을 본 떠 만든 자음, 즉 아(牙)·설(舌)·순(脣)·치(齒)·후(喉)를 목(木)·화(火)·토(土)·금(金)·수(水)의 오행사상과 연계시키고 있는 것 또한 위와 같은 동양 전통 사상의 영향임을 알 수 있다.

　글씨(書)도 여기서 예외는 아니다. 동양에서는 글씨를 구성하는 본질적 요소인 근골혈육(筋骨血肉)과 더불어 신(神) 혹은 기(氣)가 글씨에 내재되어 있어야 비로소 글씨가 제대로 이루어졌다고 말한다. 서양의 전통 캘리그라피에서는 있을 수 없는 개념이다. 이는 오롯이 동양의 글씨에만 존재하는 개념이다. 이 개념은 인체와 글씨를 완전히 동일시 여김으로써 사람의 생명력과 아름다움을 글씨의 심미적 요소로 삼는 것이다. 동양의 글씨가 가지는 철학과 사상인 셈이다.

　청나라 포세신은 《예주쌍즙(藝舟雙楫)》에서 '글자에는 근(筋)·골(骨)·혈(血)·육(肉)이 있다. 기(氣)로써 채우면 정신은 또한 거기서 나온다.(字有骨肉筋血 以氣充之 精神乃出 자유골육근혈 이기충지 정신내

출)’고 말하고 있다. 또 우리가 잘 아는 송나라의 소동파(蘇東坡)는 ‘글씨는 신(神), 기(氣), 골(骨), 육(肉), 혈(血)이 반드시 구비되어야 하나니 이 다섯 가지 중 하나만 좋여되어도 글씨를 이룰 수 없다.(書必有神骨肉血五者闕一 不爲成書也 서필유신골육혈오자궐일 불위성서야)’고 했다. 이처럼 글씨의 구성과 그 가치를 평가하는데 있어 ‘근골혈육’은 매우 중요한 요소로 작용한다.

특히 글씨(書)는 뼈, 즉 ‘골’이 없는 것을 가장 경계한다. 사람이 뼈대가 없다고 생각해 보자. 상상하기도 어렵다. 글씨도 마찬가지다. 그래서 글씨를 쓸 대 가장 먼저 해야 할 일이 글씨에 뼈대를 갖추고 세우는 일이다. 그 다음에 뼈와 뼈를 연결할 ‘근’을 갖추고, 거기에 ‘살(육)’을 붙이고 ‘피(혈)’를 돌게 만든다. 이중 하나라도 빠지거나 한다면 글씨에 병이 들게 된다. 마치 사람이 병이 들게 되는 것처럼 말이다.

그렇다면 글씨에 나타나는 ‘근골혈육’의 유무와 그 적절함의 여부에 대해서는 어떻게 알 수 있을까? 이 또한 글씨를 사람에게 비유해보면 쉽게 이해할 수 있다. 예를 들어 먹물을 가득 머금어 지나치게 통통한 획을 사용 했다면 살이 찐 사람과 마찬가지로 획에 ‘골’과 ‘근’이 보이지 않게 된다. 반대로 획이 삐쩍 말라있고 윤기 없이 꺼칠하다면 필획에 살이 부족한 동시에 피의 순환이 안 된 것으로, 글자가 병들었다고 말한다. 이는 사람이 병이 들어 아플 때 나타나는 징후와 같다. 반대로 건강한 사람은 피부도 윤택하고, 탄탄하며 활기차 있다. 글씨도 이와 같다.

'근골혈육'이 적절하게 어우러져 건강하고 활기에 찬 글씨가 되었을 때 비로소 글씨가 잘 이루어졌다고 말 할 수 있다. 이와 더불어 글자마다 서로 일맥상통(一脈相通), 일기관지(一氣貫之)할 수 있다면 금상첨화가 아닐 수 없다.

사람이나 글씨나 건강함이 제일 중요하다.

筋　骨　血　肉

힘줄 근　　뼈 골　　피 혈　　고기 육

대경대법 [大經大法]

글씨(書) 쓰기의 대원칙은 공간의 균등이다.

동양 전통 예술 중 하나인 서예는 글씨(書)를 어떻게 대하고 써야하는지에 대한 법을 적어 놓은 글, 즉 서론(書論)이라는 것이 있다. 수 천 년 동안 전해져 내려온 서론은 방대한 분량뿐만 아니라 실제적인 기법부터 형이상학적인 기론(氣論), 신론(神論)에 이르기까지 다양한 주제에 대해 이야기 하고 있다.

몇 년 전, 서론 외에 다른 분야에도 글씨 쓰기 이론 혹은 글씨를 구성하는 법이 있는지 궁금증이 일어 책들을 뒤지고 또 관련된 전문가 분들께 조언을 구하러 다녔던 적이 있다. 제법 많은 시간을 투자한 끝에 얻은 결론은 다시 '서론'으로의 복귀였다.

서론에 나오는 글씨 이론은 분량이나 내용, 주제 등 모든 면에서 월등했다. 여타 다른 분야와 비교조차 할 수 없었다. 아니 비교할 대상 자체가 없었다는 말이 맞을 듯싶다. 왜냐하면 글씨와 관련된 여러 분야 중 책이나 글로 남아 있는 이론이 거의 없었기 때문이다. 특히 영문 전통 캘리그라피는 그 역사에 비해 이론에 관한 책이나 논문이 국내에는 거의 없다는 것을 알았을 때 그저 망연자실 하고 있었던 일을 아직도 기억한다.

그렇게 타 분야의 글씨 이론 찾기를 포기한 후 얼마간의 시간이 지나 계약 관계 일로 간 출판사에서 뜻밖의 선물을 받게 되었다. 출간 된지 얼마 안 된 따끈한 신간이라며 책을 한권 건네 준 것이다. 그 책이 헤릿 노르트제이의 《획(글자 쓰기에 대하여)》(2014)이라는 책이다.

이 책은 영문 캘리그라피 쓰기에 대한 저자의 이론을 엮어낸 것으로, 눈을 번쩍 뜨이게 하는 귀중한 글들이 지면을 가득 채우고 있었다. 그리고 저자가 주장하는 이론은 당혹스러울 정도였다. '서론'에서 말하는 글씨 쓰기 이론과 너무나도 똑같은 이론을 전개하고 있었기 때문이다. 마치 예전부터 전해오는 동양의 전통 서론을 읽고 있다는 착각이 들 정도였다. 동서양의 글자 구성 공간에 대한 인식을 예로 들어 비교 해보면 이를 더욱 잘 알 수 있다.

1. 왕희지 《서론(書論)》: '부자귀평정안온(夫字貴平正安穩)'

　　대저 글씨는 평정하고 안온한 것을 귀히 여긴다.

　왕희지 《필세론(筆勢論)》: '무이평온위본(務以平穩爲本)'

　　힘써 평정하고 안온한 것을 근본으로 삼아야 한다.

　손과정 《서보(書譜)》: '지초학분포(至如初學分布)　단구평정(但求

平正)' 처음 분포를 배울 때는 단지 평정을 구하라.

　2. 헤릿 노르트제이《획》:
　'공간은 그 가치의 측면에서 균등하게 등가적이어야 한다.'
　'타이포그래피의 품질은 단어의 흰 공간이 좌우한다.'
　'흰 공간을 균등하게 유지하는 것은 좋은 인상을 주는데 매우 중요하다.'

　서론에서 나오는 '분포'란 획으로 나뉘는 공간을 말하며, 평정은 불균형한 것을 경계하는 말로 공간이나 획을 바르게 함으로써 얻어지는 글자의 형태를 말한다. 글씨가 '평정'하려면 공간이 찌그러지거나 괴이하게 형성 되서는 안 된다. 공간의 바름과 균등이 평정의 전제 조건이 되는 것이다. 이는 헤릿 노르트제이가 말하는 흰 공간을 균등하게 유지하는 것과 같은 의미다. 동양이나 서양이나, 고대나 현대나 글씨를 구성하는 법(공간)에 대한 생각이 놀랍도록 닮아있음을 알 수 있다.
　오늘날의 캘리그라피도 마찬가지다. 글자를 구성하는 방법을 배울 때 가장 중요한 것이 획과 획 사이의 공간이다. 이 공간을 어떻게 분할할 것인가에 따라 글자의 균형과 조화가 결정된다. 이 때문에 공간을 균등하게 분할하는 법을 최대한 엄격하게 지켜내는 연습이 중요하다. 이를 통해 글자가 정확하게 바로 설 수 있고 글자의 평정을 찾을 수 있게 되면, 그때서야 비로소 글자 구성의 기초를 이뤘다고 할 수 있다.

　조선 후기 문신이자 명필이었던 옥동(玉洞) 이서(李漵)는《필결(筆訣)》에서 다음과 같이 말한다. '글자의 결구는 마땅히 방정해야한다(結字宜方正 결자의방정)'. 그리고 문장의 마지막에 '이것을 일러 큰 원칙(大經)과 큰 법도(大法)라 한다(此之謂大經大法也 차지위대경대법야)'고 일갈한다. 동서양과 고금을 막론하고 글씨 쓰기의 대원칙은 공간의 균등에 있음을.

大　　經　　大　　法
클 대　　법 경　　클 대　　법 법

서가관식 [書可觀識]

아는 만큼 보이고 보이는 만큼 쓴다.

우리가 자주 쓰는 말 중에 '우물 안 개구리(井蛙)'라는 말이 있다. 《장자(莊子)》에 나오는 말이다. 견식(見識)이 좁은 사람을 이르는 말인데, 혹자는 '한 우물을 깊게 파라'는 속담을 가지고 일부러 설왕설래를 만들기도 한다. '우물'이라는 매개 때문에 얼핏 생각하면 뜻이 상충되어 보일 수도 있다. 그러나 '넓게 보라'는 의미와 '한 가지 일을 꾸준히 하라'는 의미는 그 결이 다르므로 재미삼아 하는 농(弄)으로 받아들이는 게 적절한 태도일 테다.

캘리그라피는 기본적으로 글자꼴을 만들어내고 이를 써내는 작업이다. 그 방식이 작품의 형식이 되었든 아니면 낱글자가 되었든지 간에 글자의 개수가 중요한 것이 아니라 글꼴을 어떻게 해서든지 만들어 내야 한다는 게 중요할 뿐이다.

글꼴을 만들어 내는 작업을 하기 위해서는 먼저 다른 사람들의 글자꼴을 많이 보는 일부터 시작해야 한다. 그런 다음 이를 외워서 머릿속에 저장해 두어야 한다. 그래야 창작이라는 상황에 맞닥뜨렸을 때 미리 저장되어 있던 글꼴을 꺼내어 적절하게 가공한 후 자신의 기법과 감각을 보태어 글꼴을 만들 수 있다. 아무것도 없이 비어있는 상태에서 글꼴을 새롭게 만들어 내기란 여간 힘든 일이 아니다.

이 과정에서 작가의 눈(학식과 견식)이 중요한 역할을 한다. 글꼴을 보고 외우는 일은 누구나 할 수 있지만 이를 분석하는 일은 아무나 할 수 없다. 점획의 형태와 선질, 공간과 구성방법, 최종 글꼴의 옳고 그름을 하나하나 분석하는 힘은 선천적으로 타고나는 것이 아니라 시간과 노력에 의해 만들어지는 후천적인 힘이다.

청나라 때 유희재가 쓴《서개(書槪)》라는 책에 '서가관식(書可觀識)'이라는 말이 있다. '글씨로 그 사람의 학식을 알 수 있다'는 글이다. 이를 조금 더 폭넓게 해석하면 글씨(書)를 쓰는 사람, 즉 창작주체와 최종 결과물로 보여 지는 글씨가 서로 밀접한 관련성이 있다고 해석할 수 있다.

글씨를 볼 때(그것이 작품이든, 평소 쓰던 글씨든 간에) 우리는 그 글씨에서 우러나오는 전체적인 인상과 함께 그 속에 숨어있는 미묘한 것들을 캐치할 수 있다. 이 미묘함 속에 작가의 지식이나 학식이 드러나게 된다. 예컨대 작품으로 쓴 문장이 비문(非文)인지도 모르고 그대로 사용하거나 또는 한글 쓰기에 대한 공부의 부족으로 잘 못된 글꼴을 만들어 오자의 우를 범하는 등 다

양한 면에서 작가의 지식 크기가 드러나게 된다. 미안한 말이
지만 이러한 글씨들을 볼 때마다 '글씨가 속되다', '글씨가 천
박하다' 또는 '글씨가 상스럽다'라고 내뱉는다. 그리고 더 이상
그러한 글씨에 눈을 두지 않는다. 글씨를 외우기 위해 노력하
지만 이런 글씨들은 오히려 잊으려 느력한다.

사람에게 품격이 있듯이 캘리그라피도 품격이 있다. 품격 있
는 캘리그라피는 지식이 뒷받침되었을 때 비로소 우러나올 수
있다. 지식의 확장은 작가의 노력 없이 이루어지지 않는다. 아
는 만큼 보이고 보이는 만큼 쓴다. 최소한의 지식이 전제되지
않는 캘리그라피는 시각공해를 일으키는 대상이 될 뿐이다.

書　可　觀　識
글 서　　옳을 가　　볼 관　　알 식

의재필전 [意在前筆]

뜻(구상)은 붓 앞에 있어야 한다.

4도(都) 3촌(村). 4일은 도시에서 그리고 3일은 시골에서 지낸다는 말이다. 어느 날 4도 3촌에 나도 모르게 빠져들어 농가를 수리하거나 혹은 시골에 집을 직접 짓는 사람들의 이야기에 관심을 두게 되었다. 그 중 집을 직접 짓는 사람들의 이야기를 빌려보면, 집을 짓기 전 집주인과 설계자가 만나 꾸준히 집에 대해 이야기한다고 한다. 설계자는 집주인과의 소통을 통해 어떠한 공간을 원하고 필요한 부분은 무엇인지를 파악한 후에야 비로소 설계에 들어간다고 한다. 그래야 집주인과 설계자가 같이 만족하는 집을 지을 수 있다고 한다. 때로는 이 의사소통의 과정이 길어져 몇 달씩 걸리는 경우도 있다고 한다.

글씨(書)도 이와 같다. 왕희지(王羲之)의 저작으로 전해지는 《서론(書論)》에 '의재필전(意在前筆)'이라는 말이 나온다. '뜻이 붓 앞에 있다'는 뜻으로 글씨를 쓰기 전에 미리 구상하고 설계하라는 의미다.

무릇 글씨는 침착하고 정미함을 귀히 여기니, 뜻이 붓 앞에 있고 글씨는 마음 뒤에 있도록 하며, 아직 쓰기 시작하지 않았을 때 구상한 생각이 이루어져야 한다.

凡書貴乎沉精 令意在筆前 字居心後 未作之始 結思成矣
범 서 귀 호 침 정 령 의 재 필 전 자 거 심 후 미 작 지 시 결 사 성 의

글씨(書)를 처음 배우는 사람들의 공통적인 특징은 글자에 대한 구상 없이 곧바로 글씨를 쓴다는 점이다. 무엇이 급한지 붓만 잡으면 먹물을 찍은 다음 좋이에 쓰기 바쁘다. 옆에서 아무리 '쓰기 전에 미리 생각하고 쓰라' 크 이야기해도 무조건 종이에 쓰고 본다. 그리고는 얼마 지나지 않아 후회한다. 글씨가 잘 안 써졌다고. 또 안 예쁘다고. 바로 '의재필전(意在筆前) 자거심후(字居心後)'가 안 되서 일어나는 일이다.

글씨(書)는 집을 짓는 것과 같아서 글씨를 쓰기 전 설계가 중요하다. 미리 계산하지 않고 글씨를 쓰게 되면 글자가 원하는 대로 써지지도 않을뿐더러 글자의 흐름이 끊기거나 모양이 일그러지게 된다. 이를 방지하기 위해서는 써야 될 글자의 구성과 결구, 장법 등을 사전에 머릿속에 그려놓아 완성하는 일이 중요하다. 이것이 '미작지시(未作之始) 결사성의(結思成矣)'다. 이런 설계의 과정을 거친 후에 붓을 들고 써야 그나마 실패할 확률이 적다.

작품도 마찬가지다. 먼저 전체와 각각의 글자들 사이의 조화
와 통일성을 설계해야 한다. 그리고 세부적으로 점획의 호응과
흐름 등을 계산 해놓지 않으면 아까운 정력과 시간, 재료만 낭
비하게 된다.

비단 작품뿐만 아니라 클라이언트에게 콘셉트를 의뢰받아
써야 되는 캘리그라피에서는 설계의 중요성이 더욱 두드러지
게 나타난다. 의뢰받은 콘셉트의 분석이 먼저 이루어진 후 그
것을 어떻게 표현할 것인지에 대한 설계가 되지 않는다면 콘셉
트에 적확하게 맞춘 캘리그라피가 나오기는 요원하다.

그래서 글씨를 가르치는 수업을 할 때면 작품 전체와 하나
하나의 글자를 늘 먼저 설계하라고 귀에 못이 박히도록 이야기
한다. 그럼에도 불구하고 뒤돌아서자마자 학생들은 대뜸 붓 잡
은 손이 먼저 나간다. 어쩌랴. 그러니까 학생인 것을.

意　在　前　筆

뜻 의　　있을 재　　앞 전　　붓 필

중궁수렴 [中宮收斂]

캘리그라피에서 강조하는 법. 중궁수렴후 외획신전하라.

예전 '국민학교'라 부르던 시절, 미술시간에 붓글씨를 썼던 기억이 있다. 그 당시 준비물은 문방사우와 더불어 연습할 수 있는 종이로 집에서 신문지를 가져가는 것이었다. 비싼 화선지는 마지막 선생님에게 보여 줄 때나 쓰는 것이었기에 신문지의 활약은 대단했다. 그리고 미술시간이 있는 날 아침이면 학교 앞 문방구 주인은 어떻게 알았는지 모든 걸 미리 준비해 놓고 돈만 건네면 봉투에 담긴 문방사우를 척척 안겨 주었다. 미스터리한 일이었다.

당시 학교 앞 문방구에서 팔던 화선지는 기계로 만든 화선지였다. 화선지 표면에는 빨간색으로 정사각형의 테두리를 그려 놓았는데 다시 안쪽으로 우물 정(井)의 형태로 두 줄씩 선을 그어 9개의 작은 정사각형이 되도록 나누어 놓았다. 이 화선지가 오늘날 말하는 구궁지(九宮紙)다. 구궁지는 아주 오래전부터 초보자들의 글씨 연습을 돕기 위해 만들어진 종이로 혹자는 연(燕)

나라 때부터 사용되었다고도 하고, 또 혹자는 당(唐)나라 때부터 사용되었다고 말한다. 어쨌거나 매우 오래전부터 사용되었음은 틀림없다.

이 구궁 중 한 가운데를 중궁(中宮)이라 하는데, 예로부터 글씨를 잘 쓰기 위해서는 중궁(中宮)으로 정신을 집중시키라고 말한다. 청나라 포세신(包世臣)의《예주쌍즙(藝舟雙楫)》에 중궁에 관한 설명과 중궁의 중요성에 대해 말하고 있다.

무릇 글자에는 성글고 밀하거나 기울어졌거나 바르게 있거나를 막론하고 반드시 정신이 집중되는 곳이 이 있는데 이것을 글자의 중궁이라 이른다. 그리하여 중궁이 있는 곳에 실획이 있고 허백이 있으니, 반드시 그 글자의 정신이 머무는 곳을 살펴서 격자의 안에 있는 중궁에 안치시켜야 된다. 그런 다음에 그 글자의 머리·눈·수족을 곁의 팔궁(八宮)에 나누어서 포치하면 장단허실이 서로 따르고, 상하좌우가 다 서로 이득을 얻을 것이다.

凡字無論疏密斜正 必有精神挽結之處 是爲字之中宮
범 자 무 론 소 밀 사 정　필 유 정 신 만 결 지 처　시 위 자 지 중 궁

然中宮有在實畫 有在虛白 必審其字之精神所注
연 중 궁 유 재 실 화　유 재 허 백　필 심 기 자 지 정 신 소 주

而安置於格內之中宮 然後 以其字之頭目手足分布於旁之八宮
이 안 치 어 격 내 지 중 궁　연 후　이 기 자 지 두 목 수 족 분 포 어 방 지 팔 궁

則隨其長短虛實 而上下左右 皆相得矣
칙 수 기 장 단 허 실 이 상 하 좌 우 개 상 득 의

이 글에서 중요한 점은 글자의 정신이 집중되는 곳을 반드시 중궁에 놓아야 한다고 힘주어 강조하고 있음이다. 이런 연후에 상하좌우를 나누어 글자를 구성하면 모두 다 득이 된다는 것이다. 이를 '중궁수렴(中宮收斂)'이라는 간단한 단어로 표현하기도 한다. 단어 그대로 '중궁으로 수렴하라'는 말이다.

캘리그라피의 가장 큰 특징 중 하나가 강조다. 강조를 하기 위해서는 강조되는 획을 어떻게 긋는가도 중요하지만 그 전에 강조되는 획을 돋보이게 하기 위한 사전 정지작업도 중요하다. 이때 '중궁수렴(中宮收斂)'의 방법을 사용한다. 대표적인 예로 '꽃'자를 들 수 있다. '꽃'이라는 글자를 중궁으로 수렴한 뒤 'ㅊ'의 바깥쪽 획(두번째획)을 길게 뽑아내 강조하면, 이 획은 '중궁수렴'으로 인해 시각적으로 더욱 더 강조된다. 즉 돋보기로 햇빛을 모으듯 중성 'ㅗ'를 중심으로 글자를 수렴한 다음 'ㅊ'의 바깥쪽 획을 강조함으로써 그 효과를 더욱 증폭시키는 것이다. 이 강조의 방법은 강조의 효과를 배가 시킬 뿐 아니라 작가의 정신을 발산할 수 있는 역할도 동시에 해 낼 수 있어 일거양득이라 할 수 있다.

또한 강조되는 획들이 모두 글자의 바깥쪽에 포진되어 있으므로 이 획들을 펼쳐낸다고 하여 '외획신전(外畫伸展)'이라 한다.

결국 글자를 중궁으로 수렴하는 '중궁수렴(中宮收斂)'과 바깥쪽의 획을 펼쳐내는 '외획신전(外畫伸展)'을 합하면 글자에서 획을 강조하는 방법이 된다. 그래서 학생들에게 캘리그라피 제작 시 강조하는 방법을 쉽게 설명하고 또 이해시키고자 할 때 '중궁수렴 후에 외획신전하라'를 외친다. 때로는 무협지에나 나오는 장풍 쏘는 비법 아니냐고 웃고 넘기기도 하지만 예전부터 내려온 글씨 쓰는 노하우라고 설명을 곁들이면 어느새 진지하게 받아들인다.

캘리그라피에서 강조를 쉽게 하려거든 더도 말고 '중궁수렴 외획신전(中宮收斂 外畫伸展)'을 외쳐보라. 강조의 문제를 쉽게 해결할 수 있을 것이다.

中　宮　收　斂

가운데 **중**　　집 **궁**　　거둘 **수**　　거둘 **렴**

필단의연 [筆斷意連]

붓은 끊어져도 뜻은 이어라.

글씨(書)를 배울 때 학생들이 가장 힘들어 하는 부분 중 하나가 연결선이다. 획과 획 사이를 이어주는 연결선은 예리하면서도 탄력 있는 선을 사용해야 하는데 초보자들에겐 여간 힘든 것이 아니다. 어느 정도의 필력과 붓 사용의 능숙함이 있어야 이 연결선을 자유자재로 운용할 수 있는데 이게 말처럼 쉽지 않다.

초보자들의 글씨에서 나타나는 연결선들은 매끄러워야 할 연결선이 '덜덜덜' 떨면서 불안한 모양으로 획과 획을 이어주거나, 아니면 힘없이 가느다란 선으로 아슬아슬한 자태를 보인다. 이러한 선질의 사용은 오히려 흐름을 연결하는 것이 아니라 글자의 흐름을 끊어지게 한다. 차라리 이럴 바엔 연결선이 없는 편이 낫다고 학생들에게 조언한다. 더불어 연결선이라는 강박관념에 사로잡혀 억지로 이으려 하지 말고 연결하고자 하는 의지와 뜻만 있으면 그것만으로도 충분하다는 말과 함께 말이다. 의도필부도(意到筆不到 붓은 닿지 않아도 뜻은 닿는다)인 셈이다.

미술사학자 오주석 선생님의《한국의 미 특강》이라는 책을 보면 필획은 끊어졌지만 기운이 관통하는 힘찬 획을 '필단의 연(筆斷意連)'이라는 단어로 설명하고 있다. 달마도를 설명하면 서다. 또 툭툭 쳐대는 버들잎을 설명하면서도 이 단어를 사용한 다. '필단의연'이라는 단어를 꽤나 애용하고 있음을 알 수 있 다.

'필단의연(筆斷意連)'은 '붓은 끊어져도 뜻은 이어진다'는 의미 로, 필획이 중간에 끊겨도 그 기운의 흐름은 끊어지지 않고 계 속 다음 획으로 이어지는 걸 말한다. 글씨(書)에서는 점과 획, 획과 획 혹은 글자와 글자사이의 기운과 필세를 그대로 이을 때 이 단어를 사용한다.

글씨를 쓸 때 점이나 획은 서로 연결되어 있지 않아도 기운 의 흐름과 필세를 그대로 이어받을 수 있도록 해야 한다. 그래 야 서로 간에 자연스럽고 원활한 호응이 일어난다. 이렇게 서 로 호응이 이루어졌을 때라야만 활달한 글자의 완성을 이룰 수 있다. 만약 필획을 그을 때 다음에 올 점이나 획을 미처 생각 하지 못하고 붓을 지면에서 띄우면 그 자리에서 흐름이 끊기 고 기맥이 통하지 않게 된다. 이렇게 되면 글씨를 쓰는 게 아니 라 획들을 그냥 순차적으로 놓는 것과 마찬가지인 셈이 된다. 마치 노래를 부를 때 리듬 없이 부르는 것과 같다. 우리가 아는 음치인 것이다. 글씨도 이와 같다.

이것은 비단 한글이나 한자 쓰기에서만이 아니라 영문 캘리그라피 쓰기에도 그대로 적용된다. 쉐릿 노르트제이는《획: 글자쓰기에 대해》라는 책에서 "리듬이 부재 한다는 것은 설령 낱 글자들이 지면 위에 올바른 순서로 널려있다 하더라도 단어를 제대로 이루지는 못했다는 사실을 뜻한다."라고 말하고 있다. 점과 획, 획과 획, 또는 글자와 글자 사이에 흐름이 이어지지 않으면 결국 쓰기에 실패했다는 말이다.

한글이든, 한자든, 영자든 그 대상과 상관없이 글씨(書) 쓰기에서 흐름이라는 것은 매우 중요하다. 시각적 작용에 지대한 영향을 미치기 때문이다. 글씨를 쓸 때 '필단의연(筆斷意連)'을 반드시 마음속에 품고 있어야 하는 이유다.

筆　斷　意　連

붓 **필**　　끊어질 **단**　　뜻 **의**　　잇닿을 **연**

노서 [奴書]

표절인가 모방인가 아류인가?

요즈음 노래에서부터 예능 프로그램에 이르기까지 심심찮게 뉴스에 오르내리는 것 중 하나가 표절에 대한 이야기다. '표절이다', '표절이 아니다'를 놓고 논쟁이 벌어지기도 한다. 결과가 표절로 인정되면 개인이던 기업이던 쏟아지는 비난과 그에 따른 이미지 실추는 그 누구도 피해가지 못한다. 더불어 법의 테두리 안에서 다투는 일도 발생하게 된다.

서예는 전통적인 학습방법이 다른 사람의 글씨를 똑같이 따라 쓰는 것부터 시작한다. 그러한 방식을 우리는 임서(臨書)라 부른다. 임서를 통해 왕희지, 안진경 등의 글씨를 익히며, 북위서, 초서도 익힌다. 즉 임서라는 방식과 그 과정을 통해 글씨의 기초적인 규칙과 형식을 배우는 것이다. 이러한 이유로 서예에서는 임서에 꽤나 오랜 시간을 투자한다. 실제로 오체(五體)를 다 익히려면 무시할 수 없는 물리적 시간이 걸린다. 이 때문에 어떤 분은 평생 임서를 해도 모자란다고 이야기 하는 분도 있다.

그렇다면 여기서 근본적인 의문이 들지 않을 수 없다. 도대체 왜 그렇게 임서라는 것에 목을 매고 있는 것일까? 그 의문의 해답은 임서의 목적과 본질을 파악하는데 있다. 우리가 임서를 하는 이유와 목적은 바로 '모방해서 뛰어넘기'다. 이것이 임서의 궁극적인 목적이며 본질이다. 이것을 결코 잊어서는 안 된다. '모방해서 뛰어넘기'위허 형임도 하고, 의임도 하고, 배임도 하는 것이다.

임서 외에 서예에서는 선생님의 체본이라는 것도 있다. 선생님이 법첩을 보고 임서한 글씨를 초학자들에게 따라 쓰라고 주는 것이다. 임서는 선생님이 궤신하고 학생은 선생님의 글씨를 따라 쓰는 어떻게 보면 조금 기이한 방식이다. 이것이 초학자들을 위한 것이라고는 하지만 체본의 위험성은 매우 심각하다. 체본을 통해 선생과 학생의 글씨가 똑같아지는 것이다. 이는 서예계에서 늘 폐단으로 지적되어 오던 일이다.

임서의 목적이 모방해서 뛰어넘기라면 체본도 그러한 목적이 있어야 한다. 하지만 체본은 임서와 달리 '따라 쓰기', 즉 글씨의 복제만 가능해지는 구조다. 뛰어넘기란 거의 불가능하다. 누구는 도제식 교육방법의 특성으로 어쩔 수 없다고 말 하지만 그것은 변명에 불과하다. 임서의 본질에 대해 이야기해주고 이를 마음에 심어주어야 한다.

구양수(歐陽脩)는 〈필설(筆說)〉에서 '학서당자성일가지체(學書當自成一家之體) 기모방타인(其模倣他人) 위지노서(謂之奴書)'라 말하고 있다. 글씨(書)를 배우는 사람은 마땅히 스스로 일가의 체를 이루어야지 남을 모방하면 그것을 일러 '글씨 노예(奴書)'라고 부른다는 것이다. 처음부터 선생님의 글씨 노예가 되기 위해 서예나 캘리그라피를 배우는 사람은 없을 것이다. 선생님이라는 지위와 체본을 써주는 행위를 통해 인위적으로 자신의 노예로 만드는 것이다.

캘리그라피는 다양성과 개성이 커다란 강점으로 여겨져 왔다. 하지만 고개를 들고 주위를 조금만 둘러보면 노서들이 그득하다. 어느 순간 캘리그라피도 체본을 통해 개성을 말살하기 시작했다. 심지어 작품까지 복제된 듯 서로 비슷비슷하다.

캘리그라피를 쓰거나 가르치는 분들이 스스로 생각해 보길 바란다. 내가 쓰는 글씨가 표절은 아닌지, 모방이나 아류에 그치고 있는 것은 아닌지. 혹은 인위적인 행위를 통해서 또는 노골적으로 글씨 노예(奴書)를 만들고 있지 않은지. 그리고 캘리그라피가 체본이라는 폐단을 답습하고 있는 것은 아닌지.

지금 캘리그라피는 '노서(奴書)'에 대한 경계가 필요하다.

奴　書

종 노　　　글 서

오괴오합 [五乖五合]

글씨(書)도 때(時)를 잘 닺추어야 한다.

동장군이 물러가고 봄소식이 들리면 조그만 텃밭과 정원을 가꾸기 위해 매년 키우고 싶은 꽃씨와 각종 채소류, 쌈류의 씨앗을 산다. 이때 제일 먼저 하는 일이 포장지 뒷면에 있는 씨앗의 파종시기를 읽고 외우는 일이다. 지역별로 씨앗을 뿌려할 시기가 달라 때(時)를 잘 못 맞추면 씨앗을 아무리 정성들여 심어도 싹이 틔지 않거나 웃자라 좋은 결실을 맺기 힘들기 때문이다.

글씨(書)도 글씨 쓰기 좋은 때(時)와 그렇지 않은 때가 있다. 옛 선인들은 글씨 쓸 때(時)에 대하 여러 글을 남겼는데 그 중 당나라의 손과정(孫過庭)이 《서보(書譜)》에서 말한 '오괴으합(五乖五合)'이 대표적이다. '오괴오합'은 글씨가 일그러지게 되는 다섯 가지 이유와 글씨가 잘 될 때의 다섯 가지 이유를 설명한 글이다.

먼저 글씨가 잘 써지는 때, 즉 '오합(五合)'을 살펴보면 다음과 같다.

첫째, 정신이 편안하고 아무 일이 없어 한가로울 때

　　(神怡務閑 一合也 신이무한 일합야)

둘째, 은혜를 느끼고 지혜를 따를 때

　　(感惠循知 二合也 감혜순지 이합야)

셋째, 날씨가 화창하고 기운이 윤택할 때

　　(時和氣潤 三合也 시화기운 삼합야)

넷째, 종이와 먹이 서로 조화를 이룰 때

　　(紙墨相發 四合也 지묵상발 사합야)

다섯째, 우연히 글씨를 쓰고 싶을 때

　　(偶然欲書 五合也 우연욕서 오합야)

　마음이 편안하고 한가로운데 날씨까지 화창하면 글씨 쓰기에 더할 나위 없다. 게다가 맑고 따스한 햇볕이 작업실 안으로 가득 들어와 이를 즐기면 마음과 기분이 따뜻해짐과 동시에 상쾌해 진다. 이때 글씨를 쓰게 되면 붓이 막힘없이 자연스레 흘러가게 되고 좋은 글씨를 쓸 수 있다. 또 종이와 먹이 서로 조화를 이뤄 붓이 매끄럽게 나가고 우연히 글씨를 쓰고 싶은 생각이 샘솟게 되면 이 또한 글씨 쓰기 좋은 때다. 이러한 상태에서는 좋은 글씨가 나올 확률이 높다.

　이와 반대로 글씨가 일그러지는 때, 즉 '오괴(五乖)'를 살펴보면 다음과 같다.

첫째, 마음은 급하고 몸이 매어 있을 때

　　(心遽體留 一乖也 심거체류 일괴야)

둘째, 마음은 떠나고 형세는 굴복 받고 있을 때

　　(意違勢屈 二乖也 의위세굴 이괴야)

셋째, 바람은 건조하고 날씨가 뜨거울 때

　　(風燥日炎 三乖也 풍조일염 삼괴야)

넷째, 종이와 먹이 서로 조화를 이루지 못할 때

　　(紙墨不稱 四乖也 지묵불칭 사괴야)

다섯째, 정신이 게으르고 손이 막힐 때

　　(情怠手闌 五乖也 정태수란 오괴야)

마감시간은 다가와 급하고, 마음은 이미 약속장소에 가 있는데 몸은 억지로 매여 글씨를 써야한다면 글씨가 잘 나올 턱이 없다. 그리고 날이 더워 가만히 앉아있기도 힘든데 글씨쓰기가 잘 될 리 없다.

또 비가 오거나 잔뜩 찌푸려 습도가 높아지면 종이도 축축해지고 먹물의 농도조절도 쉽지 않다. 이 때문에 종이 따로 먹물 따로 제각각이 되는 경우가 태반이다.

최악의 경우는 글씨 쓰고 싶은 마음이 전혀 안 생기고 만사가 귀찮을 때다. 이때는 당연히 손도 마음대로 움직이지 않는다. 이러한 모든 상황들에서 좋은 글씨가 나오기를 기대하는 것 자체가 무리한 일이다.

한편 청나라의 유희재(劉熙載)도 《서개(書槪)》라는 책에서 글씨 쓸 때(時)를 알 수 있는 법에 대해 이야기하고 있다.

글씨를 배우는 사람은 두 가지 보는 법이 있는데, 사물을 보는 것과 자신을 보는 것이다. 사물을 보는 것은 정감을 맞추는 것으로써 하고 자신을 보는 것은 덕을 통하는 것으로써 한다. 이렇게 하면 글씨 쓰기 전후가 글씨 아닌 게 없으니 글씨 쓸 때를 알 수 있을 것이다.

學書者有二觀 曰觀物 曰觀我 觀物以類情 觀我以通德
학 서 자 유 이 관 왈 관 물 왈 관 아 관 물 이 류 정 관 아 이 통 덕

如是則書之前後莫非書也 而書之時可知矣
여 시 칙 서 지 전 후 막 비 서 야 이 서 지 시 가 지 의

글씨(書)를 쓸 때 자신의 마음(觀我)과 밖에 있는 사물(觀物)을 살피면 글씨 쓸 때(時)를 알 수 있다고 말하고 있다. 결국 '오괴오합(五乖五合)'과 '글씨 쓸 때를 알 수 있다(書之時可知)'는 것은 글씨를 쓰고자 할 때의 마음상태, 즉 내적영향과 날씨나 재료, 주위 환경의 좋고 나쁨의 외적영향이 글씨에 미치는 영향에 대해 말하고 있는 것이다.

이 내적영향과 외적영향 두 가지가 서로 합(合)이 되어 조화를 이루면 글씨는 유창하고 아름답게 된다는 것이며, 반면에 내외영향

두 가지가 어그러지게 되면 글씨가 거칠고 산만하게 된다는 것이
다. 예나 지금이나 글씨가 잘 써지고 안 써지는 이유는 비슷한가
보다.

五　乖　五　合
다섯 **오**　어그러질 **괴**　다섯 **오**　합할 **합**

묵저 [墨猪]

먹(墨) 돼지가 되는 것은 피해야 한다.

글씨(書)를 쓰는 일은 많은 체력을 요한다. 의자에 앉거나 혹은 선 상태로 몇 시간 동안이나 붓 끝에 온 정신을 집중한 다음 한 글자 한 글자씩 써 가야 하는 일은 웬만한 체력이 아니고서는 감당하기 힘들다. 체력이 떨어지기 시작하면 글씨를 보는 눈도, 정신도 흐려진다. 그래서 글씨를 오래 지속하고자 하는 사람, 혹은 명필이 되는 꿈을 갖고 있는 사람은 체력의 유지가 필수다.

일본의 소설가 무라카미 하루키는《직업으로서의 소설가》에서 전업 작가가 된 후부터 지금까지 매일 꾸준히 달리기를 하고 있다고 한다. 체력을 유지하기 위해서 말이다. 그는 체력이 떨어지기 시작하면 사고능력도 미묘하게 쇠퇴하기 시작하고, 사고의 민첩성, 정신의 유연성도 서서히 상실된다고 말한다. 극단적으로는 후배와의 인터뷰에서 "작가는 군살이 붙으면 끝장이에요."라고 까지 얘기했다고 한다.

글씨 쓰는 사람들도 책상 앞에 몇 시간씩 앉아있다 보면 운동부족으로 인해 몸에 군살이 하나 둘 늘어가기 시작한다. 몸에 붙은 군살은 붙기는 쉬워도 빼기는 매우 어렵다. 그런데 군살은 사람뿐만 아니라 글씨(書)에서도 꺼리는 것 중의 하나다. 서성(書聖) 왕희지의 스승으로 전해지는 위삭(衛鑠)의 〈필진도(筆陣圖)〉에 다음과 같은 내용이 있다.

필력이 좋은 사람은 뼈(骨)가 많고, 필력이 나쁜 사람은 살(肉)이 많다. 뼈가 많고 살이 없는 것을 근서(筋書)라 하고, 살이 많고 뼈가 없는 것을 먹돼지(墨猪)라고 한다.

善筆力者多骨 不善筆力者多肉 多骨微肉者爲之筋書
선 필 력 자 다 골 불 선 필 력 자 다 육 다 골 미 육 자 우 지 근 서

多肉微骨者爲之墨猪
다 육 미 골 자 위 지 묵 저

'필력이 나쁜 사람은 살이 많다'는 이야기는 글씨에 불필요한 군살들이 많이 붙어 있다는 이야기다. 꼭 있어야할 살 외에 군살들이 덕지덕지 붙게 되면 글씨가 둔하고 통통해 보일뿐 아니라 물렁물렁하게까지 보인다. 이틀 묵저(墨猪), 즉 '먹돼지'라고 부른다는 것이다.

아이러니하게도 이 '먹돼지'는 글씨를 쓰는 사람이라면 누

구나 한번은 경험하게 된다. 글씨를 처음 배울 때 그렇다. 처음에는 붓도 낯선데 거기에 새까만 먹물까지 적셔 놓으면 도대체 붓에 얼마만큼의 먹물이 함유되어 있는지 가늠조차 하기 어렵다. 벼루 위에서 먹물을 빼기 위해 요량 껏 붓을 다듬어 보지만 그 일도 쉽사리 될 리 없다. 그렇기에 초보자들이 써 놓은 글씨들을 보게 되면 먹물이 한 가득이다. 어쩔 수 없다. 처음엔 다 그렇게 시작하니까.

초보 단계를 넘어 본격적인 글씨(書) 쓰기가 시작하게 되면 '근골혈육(筋骨血肉)'에 대해 논함과 더불어 이를 볼 수 있는 눈을 키우거나 체감할 수 있도록 연습 한다. 왜냐하면 '근골혈육' 네 가지 중 하나라도 빠지게 되면 제대로 된 글씨가 나오기 어려울뿐더러, 글씨가 완성되었다 하더라도 좋은 평가를 받기 어렵기 때문이다. 게다가 '근골혈육'은 글씨의 중요한 심미 요소 중 하나이기에 더욱 그렇다. 이 때문에 글씨를 쓰는 사람이라면 '근골혈육'에 대한 확실한 이해와 인식이 있어야 한다.

예로부터 '근골혈육'을 이야기한 사람은 셀 수 없이 많다. 이 중 대부분은 '골법용필(骨法用筆)'로 대변되는 골(骨)을 중시한다. 청나라 주화갱(朱和羹)은 《임지심해(臨池心解)》에서 '글자는 골력을 위주로 하여야 한다(字以骨力爲主)'고 말한다. 그런데 글씨에서 골력이 주가 되려면 글씨에 군살들이 있어서는 안 된다. 글씨에 붙어 있는 불필요한 군살들을 뺀 후에야 골력을 보고 느낄 수 있게 된다. 군살들로 인해 물렁물렁해진 글씨를 보고 골력이 있다고 말할 수는 없다.

또한 글씨는 군살이 많아서도 안 되지만 뼈가 다 드러날 정도로 파리해서도 안 된다. 모든 것이 적당히 어울려야 한다. 양(梁)나라 소연(蕭衍)은 《법서론(法書論)》에서 말한다. '순전히 뼈만 있는 것은 아름답지 않고, 순전히 살만 있는 것은 힘이 없다. 살찐 것과 마른 것이 서로 조화를 이루고 골력이 서로 대칭(균형)을 이루고 있어야 한다(純骨無媚 純肉無力 肥瘦相和 骨力相稱 순골무미 순육무력 비수상화 골력상칭)'고 말이다. 군살은 글씨에게도 사람에게도 불필요함이 틀림없다.

墨 猪

먹 묵　　돼지 저

서귀입신 [書貴入神]

글씨(書)에 있어서 정신적인 것에 대하여.

음악 오디션 프로그램을 보다 보면 참가자들이 극도의 긴장 속에서도 저마다 최선을 다해 노래를 부른다. 그리고 이러한 긴장감은 화면을 통해 고스란히 안방으로 전달된다. 특히 마이크를 잡은 참가자의 손이 긴장으로 파르르 떨리면 이를 지켜보는 사람마저 손에 땀이 날 정도다. 다행히 참가자가 무사히 노래를 마치면 바로 뒤이어 심사위원들의 심사평이 시작된다. 노파심으로 좋은 얘기를 해주면 좋으련만 얄밉도록 냉정하다. 때로는 참가자의 눈물을 기어코 터뜨려 놓기도 한다.

그런데 심사평을 가만히 듣고 있다 보면 노래에 감정이 전혀 없다거나, 감정을 싣지 못해 가사가 주는 감동을 제대로 전하지 못했다는 평이 심심치 않게 나온다. 또 원곡 가수와 별 차이점이 없다며 모창에 불과하다는 혹평도 받는다. 반면 노래의 테크닉은 떨어졌으나 부르는 사람의 진심과 감정이 전해졌다며 심사위원들의 호평을 받는 경우도 많이 있다. 간혹 참가 곡을

자신의 것으로 완전히 체화시켜 원곡의 가수가 생각이 안 난다
는 극찬이 오가는 일도 있다. 글씨를 쓸 때도 감정의 이입과 전
달이 중요한데 노래도 마찬가지인 듯싶다. 청나라의 유희재(劉
熙載)는 《서개(書槪)》에서 다음과 같이 이야기 한다.

 붓의 본성과 묵의 감정은 모두 그것을 쓰는 사람의 본성과
감정으로써 근본을 삼는다. 즉 본성과 감정을 다스리는 것이
글씨를 쓰는데 있어서 첫 번째로 할 일이다.

筆性墨情 皆以其人之性情爲本 是則理性情者 書之首務也
필 성 묵 정 개 이 기 인 지 성 정 위 본 시 칙 이 성 정 자 서 지 수 무 야

 필묵의 성정은 쓰는 사람의 성정과 같으니 글씨를 쓰려고 할
때는 자신의 본성과 감정을 먼저 살피고 이를 다스려야 한다는
이야기다. 그리고 유희재는 또 말한다.

 글씨는 정신이 들어가는 것을 귀히 여기는데, 정신에는 나의
정신과 다른 정신이 구별되어야 한다. 다른 정신이 들어간다는
것은 내가 변화하여 옛것이 되는 것이다. 나의 정신이 들어간
다는 것은 옛것을 변화하여 나의 것으로 만드는 것이다.

書貴入神 而神有我神 他神之別 入他神者 我化爲古也 入我神者
서 귀 입 신 이 신 유 아 신 타 신 지 별 입 타 신 자 아 화 위 고 야 입 아 신 자

古化爲我也
고 화 위 아 야

쉽게 풀이하면 글씨는 '쓰는 사람의 정신이 깃들어있는 글씨'를 중히 여긴다는 것이다. 글씨를 쓸 때 따라 쓰기(임서)에만 매몰되면 자신의 글씨가 아닌 남(옛 선인)의 글씨만 남게 되지만, 자신의 글씨를 쓰고자 하는 생각(정신)을 잊지 않고 이를 글씨에 온전히 주입할 수 있다면 남(옛 선인)의 글씨가 자신의 것으로 변하여 자신만의 개성 있는 서체를 만들 수 있다는 말이다.

이는 오디션 프로그램에서 기존의 곡을 부를 때 자신의 감정을 싣지 못하고 원곡 가수가 부른 것을 그대로 따라 부르면 모창에 불과하지만, 자신이 생각하고 느끼는 감정을 노래에 실어 표현하면 새로운 참가자의 노래로 탄생된다는 얘기와 같다.

오디션 프로그램에서 모창가수는 절대 우승할 수 없다. 글씨도 마찬가지다. 남의 글씨를 따라 쓰면 그저 아류일 뿐 절대 일가를 이룰 수 없다. 글씨는 자신의 감정과 정신을 온전히 담아 자신만의 글씨로 써낼 수 있을 때 비로소 일가를 이루었다고 말할 수 있다. 왕희지, 안진경, 추사 등 우리가 알고 있는 역대의 대가들이 모두 그렇다. 그들이 지금껏 추앙받을 수 있었던 이유다.

아류로 남을 것이냐 아니면 일가를 이룰 수 있느냐의 성패는 작가의 정신이 글씨에 제대로 깃들었느냐 아니냐에 달렸다.

書　　　貴　　　入　　　神

글 서　　　귀할 귀　　　들 입　　　정신 신

혹세무민 [惑世誣民]

수 천 년 역사에서 자신만의 서체를 만든 사람은 몇 명인가?

정치인들이 잘 쓰는 말 중에 '혹세무민(惑世誣民)'이라는 말이 있다. 사전적 정의는 '세상을 어지럽히고 백성을 속이는 것'이지만, 정치인들은 주로 내편이 내는 득소리가 아닌 경우에 '혹세무민'이라는 말을 매우 유용하게 사용하고는 한다. 내편이라야만 '혹세무민'한다는 소리를 듣지 않는, 동지와 적만이 존재하는 희한한 세상이다. 그들만의 세상에서 살아남으려면 어쩔 수 없는 일인가 보다.

이런 연유로 정치가가 아닌 일반 서민들이 혹세무민을 거론하거나 입에 올리는 일은 거의 없다. 만약 주위에 그런 사람이 있다면 정치를 꿈꾸거나 종교인이거나 둘 중 하나다. 그런데 요즘 입이 간질간질하다. 종교도 없고 정치에 대해서는 털끝만큼도 생각이 없는데, 글씨를 쓰는 사람들의 말 때문에 '혹세무민'이라는 단어가 뇌리를 떠나지 않는다.

서예의 기나긴 역사 속에 자신의 이름이 붙여진 서체를 만들어낸 서예가는 의외로 많지 않다. 야박하게 평가하면 양손가락으로 꼽을 수도 있을 정도다. 수 천 년이 넘는 세월이 흐르는 동안 자신의 이름을 딴 서체를 가진 서예가가 별로 없다는 사실 하나만으로도 자신만의 서체를 일궈내는 일이 얼마나 어려운 것인가를 방증하고도 남는다. 글씨(書)라는 것이 그만큼 힘든 예술이다.

요즘 캘리그라피 혹은 여타 글씨 쓰는 수업에서의 수강생 모집하는 글을 보면 '자신만의 서체를 만든다'거나 '자기만의 개성 있는 글씨체를 완성시켜 드립니다'는 글을 심심찮게 볼 수 있다. 그런데 자신만의 서체를 만드는 과정은 짧으면 8주 길면 12주 정도다. 두 달에서 석 달 사이에 자신만의 서체를 만들 수 있다는 얘기다.

서예의 수 천 년 역사 속에서 손으로 꼽을 정도의 사람만이 이루어낸 일을 두 세 달 만에, 그것도 기초에서부터 시작해 자신만의 서체를 이뤄낼 수 있다면 그것은 기적이다. 하지만 기적은 그렇게 쉽게 일어나지 않는다. 그들이 써서 올려놓은 글씨만 봐도 기적은 일어나지 않은 것이 확실하다. 각자의 개성이 있다고는 하나 어디가 개성이 있는지 도통 찾을 길이 없다. 오히려 기존에 쓰고 있는 서체들과 다름없이 서로 비슷비슷할 뿐이다. 강사 자신의 이득을 위해 사람들을 기망하고 있는 셈이다. 바로 '혹세무민(惑世誣民)'이다.

자신만의 독특하고 개성 있는 서체는 많은 연구와 노력, 그리고 자신과의 치열한 내적 싸움과 고통을 이겨내야 비로소 나올 수 있다. 또한 자신만의 글씨 쓰는 호흡과 패턴, 자신만이 만들어낼 수 있는 글꼴과 선질, 그리고 누가 봐도 '누구 글씨네'라고 할 수 있는 개성 등 모든 것이 복합적으로 완성되었을 때 하나의 서체가 완성되었다고 할 수 있는 것이다.

이렇게 힘들게 하나의 서체를 완성했다 하더라도 마지막으로 글씨 세계에 지대한 영향을 미치거나 교범으로써 인정받지 않으면 안 된다. 결국 모든 사람들에게 인정을 받아야 한다는 것이다. 참 험난한 여정이 아닐 수 없다.

이와 같은 여정에 얼마나 많은 시간이 걸릴지는 아무도 모른다. 이 경지를 밟아 본 사람을 오늘날엔 찾기 힘들기 때문이다. 오직 그 사람의 땀과 열정, 그리고 그 사람이 가지고 있는 자질만이 시간을 결정해 줄 뿐이다. 이러한 사실을 안다면 '자기만의 개성 있는 서체를 만든다'라는 말을 함부로 쓰는 것은 '혹세무민'이라 할 수 있다.

글씨를 가르치는 선생님은 글씨(書)라는 예술이 가지고 있는 본질을 이야기 해주고 수요자의 목적에 맞게 가르쳐야 한다. 캘리그라피를 취미로 하고자 하는 사람에겐 취미에 맞는 수준으로, 프로가 될 사람에게는 그에 걸맞게 개성을 찾을 수 있도록 방법을 제시하고 앞으로 나아갈 수 있도록 도움을 줄 수 있는 교육을 하면 된다. '혹세무민'하는 것은 캘리그라피에 대한 오해와 편견을 갖도록 만들 뿐이며, 더 나아가서는 서사문화

자체를 위해서도 바람직하지 않다.

사람도 말도 글씨(書)도 정직해야 한다.

惑　世　誣　民

미혹할 **혹**　　인간 **세**　　속일 **무**　　백성 **민**

구생법 [九生法]

글씨를 잘 쓰기위한 아홉 가지 조건.

우리는 어떤 일을 할 때 '때를 기다린다'거나 '주변 환경이 좋아야 한다'고들 한다. 그만큼 무엇을 도모할 때 적절한 시간이나 환경이 중요하다는 이야기다. 글씨(書)를 쓸 때도 마찬가지로 문방사우의 상태나 주변 환경, 신체 컨디션 등 여러 조건들이 적절하게 조화를 이루어야 한다. 이와 관련해 추사는 '구생법(九生法)'이라는 글을 남겼다.(이 구생법은 추사뿐만 아니라 훨씬 이전부터 많은 서가(書家)들이 언급을 했는데 그 내용은 서로 대동소이하다) 이 글을 통해 우리는 옛 선인들이 문방사우를 얼마나 소중히 여기고 다루었는지, 또 어떠한 마음가짐과 몸가짐으로 글씨 쓰기에 임했는지를 엿볼 수 있다.

추사의 구생법(九生法)

첫째, 생필(生筆), 토끼털이 둥글고 건실한 것이어야 하며 반드시 쓰고 나면 거두어 넣어 두고 쓸 때를 기다려야 한다.

(一生筆 兎毫圓健 須經寫過 收貯待用 일생필 토호원건 수경사과 수저대용)

- 해설: 붓털이 닳지 않은 상태로, 붓을 다 쓰고 나면 반드시 깨끗하게 붓을 빨아 가지런히 말려서 놓아야 한다는 뜻이다. 붓을 제때 빨아놓지 않으면 붓이 굳어 다음에 사용하려 할 때 사용할 수 없게 된다. 깨끗하게 빨아 잘 말려 놓은 붓을 생필이라고 할 수 있다.

둘째, 생지(生紙), 새로 나무상자(협사(篋笥)에서 꺼내야 윤기가 퍼지며 먹을 잘 받는다.

(二生紙 新出篋笥 暢潤受墨 이생지 신출협사 창윤수묵)

- 해설: 화선지를 잘 보관해야 습기로부터 보호 하고, 종이가 바싹 마르는 것을 피할 수 있다. 적절하게 잘 보관해 두어야 화선지를 꺼내어 쓸 때 먹이 고르게 번지며 윤기를 낼 수 있다.

셋째, 생연(生硯), 먹을 다 쓰고 나면 씻어 말리어 습기가 없도록 해야 한다.

(三生研 臨用研墨 畢則洗而乾之 不可浸潤 삼생연 임용연묵 필칙세이건지 불가침윤)

- 해설: 벼루는 다 쓰고 난 후 깨끗이 씻어 말려야 한다. 벼루를 씻지 않을 경우 먹물이 굳어 엉겨 붙게 된다. 이렇게 되면 다음에 먹을 갈 때 입자도 불규칙할뿐더러 엉겨 붙은 먹 찌꺼기가 붓에 들러붙어 글씨 쓰는데 방해가 된다.

넷째, 생수(生水), 새로 맑은 샘물을 길러 와야 한다.

(四生水 新汲淸泉 사생수 신급청천)

- 해설: 먹을 가는데 있어 오래된 물은 먹색과 향에 영향을 줄 수도 있다. 요즘은 수돗물이 흘러넘치니 샘물을 길어 오는 수고는 안 해도 될 듯하다.

다섯째, 생묵(生墨), 쓸 때마다 갈아 써야 한다.

(五生墨 隨用隨硏 오생묵 수용수연)

- 해설: 먹은 필요한 만큼 그때그때 갈아서 쓰는 것이 좋다. 먹물이 오래되면 수분이 날아가 먹물 농도가 바뀌게 된다. 이 뿐만 아니라 먹물이 오래되면 끈적끈적 해진다.

여섯째, 생수(生手), 공부를 사이에 중단해서는 안 되고 항상 팔(근맥筋脈)을 움직여야 한다.

(六生手 功夫不可間斷 常令筋脈振動 육생수 공부불가간단 상령근맥진동)

- 해설: 손은 늘 연습을 해서 몸이 기억하게 해야 한다. 꾸준한 연습으로 몸이 기억하면 어떠한 난관이 닥치더라도 이를 극복할 수 있다.

일곱째, 생신(生神), 정회(情懷)가 적절하게 펼쳐져야하며, 정신은 편안하고 일은 한가해야 한다.

(七生神 情懷暢適 神安務閒 칠생신 정회창적 신안무한)

- 해설: 마음속에서 정감이 적절히 일어나야하며 일이 한가하고 정신이 편안한 때에 글씨를 쓰면 잘 써진다. 급박하거나 마감시간에 쫓겨 글씨를 쓰면 글씨의 품질이 좋지 않은 경우가 많다.

여덟째, 생목(生目), 자거나 휴식을 취한 후 처음 일어나서 눈은 밝고 몸은 고요해야 한다.

(八生目 寢息初興 眼明體靜 팔생목 침식초흥 안명체정)

- 해설: 글씨를 쓸 때 눈이 피로하거나 상태가 좋지 않으면 글씨를 잘 쓸 수 없다. 눈을 밝고 맑게 유지하도록 해야 한다. 특히 현대 생활에서 눈의 피로도가 높아지므로 눈 보호에 각별히 신경을 써야 한다. 아울러 몸의 건강상태를 잘 유지하고 몸가짐도 가지런해야 한다.

아홉째, 생경(生景), 때는 화창하고 기운은 윤택하며 안석(案席)은 조촐하고 창은 밝아야 한다.

(九生景 時和氣潤 几淨窓明 구생경 시화기윤 궤정창명)

- 해설: 글씨는 천둥 번개가 치거나 비오는 날은 붓, 먹, 종이가 조화를 이룰 수 없다. 날씨가 맑고 쾌청한 날은 기분도 덩달아 상쾌하다. 이때 글씨를 쓰면 잘 써진다. 그리고 글씨를 쓸 때 의자나 책상의 높이가 적정해야 하며, 빛이 좋아야 더 잘 써질 수 있다.

이 구생법(九生法)은 기본적으로 문방사우라 불리는 재료의 상태를 항상 최적화 해놓아야 하는 것과 글씨를 쓰는 사람의 정신과 신체, 그리고 날씨까지 삼박자가 맞아야 함을 이야기 하고 있다. 실제로 글씨를 쓰다보면 재료가 서로 안 맞을 때, 컨디션이 안 좋을 때, 날씨가 안 좋을 때는 좋은 글씨가 나오기가 힘들다는 것을 경험한다. 이때는 과감하게 글씨 쓰는 일을 접는 편이 좋을 수 있다. 괜히 계속 붓을 잡고 있어봐야 정력과 비싼 재료만 낭비할 소지가 크다. 글씨 쓰는 사람들 중 혹자는 이런 날엔 막걸리의 힘을 빌려야 한다고 너스레를 떨기도 한다. 주력(酒力)이 필력(筆力)이라는 우스갯소리와 함께.

九　　生　　法
아홉 구　　날 생　　법 법

법외지공 [法外之工]

글씨 공부의 요지는 글씨 공부 외(外)에 있다.

청나라 주이정(朱履貞)이 지은《서학첩요書學捷要》에 글씨 공부에 대해 다음과 같은 말이 나온다.

육요가 모두 갖추고서야 바야흐로 일가를 이루게 된다. 만일 기질이 박하면 체격이 크지 못하고 배움에 한도가 있다. 천부적인 자질이 떨어지면 배우기가 어려워 입문하기가 쉽지 않고, 법을 얻지 못하면 부질없이 세월만 쌓이고 공부를 함에도 끝내는 그러한 모양이 된다. 공부가 얕으면 필획이 거칠고 허술하여 필경 성취하기가 어렵다. 임모하는 일이 적으면 글씨에 사승이 없어서 체세가 조악하다. 식감이 짧으면 고금을 배회하기만 하여 마음에 견해를 이룸이 없다. 그런데 조예는 무궁한 것이어서 공부의 요지는 법의 밖에 있다. 소문충공의 소위 '퇴필여산미족진 독서만권시통신'이란 것이 이것이다.

六要俱備 方能成家 若氣質薄 則體格不大 學力有限 天資劣
육 요 구 비 방 능 성 가 약 기 질 박 칙 체 격 부 대 학 력 유 한 천 자 열

則爲學艱 而入門不易 法不得 則虛積歲月 用工從然 工夫淺
칙 위 학 간 이 입 문 불 이 법 부 득 칙 허 적 세 월 용 공 종 연 공 부 천

則筆畫荒疏 終難成就 臨摹少 則字無師承 體勢粗惡 識鑑短
칙 필 화 황 소 종 난 성 취 임 모 소 칙 자 무 사 승 체 세 조 악 식 감 단

則徘徊古今 胸無成見 然造詣無窮 工夫要是在法外 蘇文忠公
칙 배 회 고 금 흉 무 성 견 연 조 예 무 궁 공 부 요 시 재 법 외 소 문 충 공

「退筆如山未足珍 讀書萬卷始通神」
퇴 필 여 산 미 족 진 독 서 만 권 시 통 신

여기서 말하고 있는 '글씨를 배우는데 필요한 여섯가지(六要)'란 기질(氣質), 천자(天資), 득법(得法), 임모(臨摹), 용공(用工), 식감(識監)이다. 이중 기질과 천자는 타고난 재질이라 사람이 인위적으로 어떻게 할 수 있는 것이 아니다. 다행히 득법, 임모, 용공, 식감은 공부를 통해 스스로 갖출 수 있다.

그런데 주이정은 글씨와 관련된 공부만 해서는 진정한 공부의 완성을 이룰 수 없다고 말한다. 글씨 공부 이외에 여러 가지 학문을 익혀야 함을 이야기 하고 있다. 그 예로 소동파의 '못 쓰게 되어 버린 붓이 산같이 쌓여도 아직 보배스러운 글씨가 되기에는 부족하고, 만권의 책을 읽어야 비로소 통신할 수 있다' 는 글귀를 들고 있다.

이는 캘리그라피를 공부하는 과정만 살펴봐도 어느 정도 공감할 수 있는 부분이다. 대부분 캘리그라피나 글씨(書) 공부를 처음 시작할 때는 붓을 잡은 손이 마음먹은 대로 움직이지 않는다. 이 때문에 붓을 능숙하게 다룰 수 있도록 쓰는 연습에 치중하게 된다.(임서도 이 과정 중 하나다) 그리고 손이 어느 정도 붓을 잡고 쓰는데 익숙해지면 점획을 이리저리 바꿔가며 다양한 형태의 글꼴을 시도해 보는 단계로 접어든다. 글꼴을 변형하기 위해 갖은 노력을 기울이기도 한다.

이전과 달리 발전 속도가 현저히 떨어지는 시기가 바로 이때다. 이 시기에는 아무리 노력해도 제자리인 것처럼 느껴지는 경우도 있다. 심지어 길에서 거대한 벽을 마주하고 있는 기분이 들기도 한다. 이때가 캘리그라피를 시작한 이후에 가장 많이 포기하게 되는 시기이기도 하며 잘못된 유혹에 빠지기도 쉬운 시기다. 이 어려움을 뚫고 지나갈 수 있도록 해결책을 제시한 것이 주이정이 말한 '공부요시재법외(工夫要是在法外)'다. 글씨 공부 외에 다른 공부를 통해 난관을 헤쳐 나가야 한다는 것이다.

이를 위해 글씨 이외의 여러 분야에 걸쳐 폭 넓은 교양을 쌓고, 인접학문을 통해 학식을 넓히며, 많이 보고 많이 들음으로써 견문을 넓혀야 한다. 그러면 그 모든 것들이 자신도 모르게 몸 안에 저절로 차곡차곡 쌓이게 되어 기운생동(氣運生動)한 글씨를 쓸 수 있으며, 더불어 품격 있는 글씨를 쓸 수 있다.

글씨 공부에서 쓰기 기능에만 치중하다보면 추사가 말하는 기능공(字匠)으로 전락할 수도 있다. 오늘날 글씨 기능공이 될 것인가, 아니면 예술가가 될 것인가에 대해 '법외지공(法外之工)'이 의미하는 바가 크다.

法 外 之 工

법법　　바깥외　　어즈사지　　일공

에필로그

　몇 해 전부터 우리 사회에서는 인문학 열풍이라 불릴 정도로 인문학에 대한 관심이 뜨거웠다. 글씨를 가르쳐 주셨던 선생님들은 글씨는 인문학이라 생각하라고 늘 입버릇처럼 말씀하셨다. 비록 서예가 미술대학에 속해 있지만 생각은 그리하라고 말이다. 그리고 실제로 그렇기도 했다. 글씨의 변천을 알려면 당시의 역사뿐만 아니라 문학과 사상을 이해하지 못하면 그 변천의 이유를 알 수 없었기 때문이었다. 거기에 더해 서예를 하기 위해서는 한문까지도 필히 공부해야 하는 험난한 과정도 기다리고 있었다. 물론 나는 여기서 늘 뒤쳐졌었고 허겁지겁 따라가기 바빴다. 그 덕에 어떻게 하면 여러 과정들을 탈 없이 무사히 넘어갈 수 있을까 궁리하는 게 일이었다.

　하지만 그 와중에도 늘 답답하게 여겨지던 것이 하나 있었다. 글씨의 역사는 당시 시대상을 그대로 반영하거나 오히려 시대를 앞서 갔음을 보여주는데 오늘날에는 왜 그렇지 못할까에 대한 답답함이었다. 그리고 그 답답함은 여전히 풀지 못한 숙제로 가슴 한 구석에 지금도 남아있다.

　인문학 열풍이 불고 다양한 분야에서 인문학 책이 쏟아져 나올 때 글씨 분야에서도 당연히 인문학과 관련되어 쉽고 재밌으면서도 편하게 읽을 수 있는 책을 볼 수 있을 줄 알았다. 기라성 같았던 선생님들이나 선배, 후배들이 즐비했기에 그렇다. 하지만 생각과 달리 너무 조용하기만 했다. 둔감한 것인지 아니면 일부러 철저히 외면하고 무시하는 것인지, 아니면 너무 겸손해 지식을 드러내는 것을 부끄럽게 여기는 것인지 도무지 알 수 없다. 어쨌든 인문학에 가장 가깝다는 글씨가 사람들에게 인문학과 관련해 아무것도 이야기해 줄 것이 없다는 상황이 얼굴을 붉어지게 만들 줄은 생각도 못했다.

미흡하지만 나름대로 글씨에 대한 생각과 마음을 정리하고 나니 뜻밖에 지금껏 가지고 있었던 나의 글씨관을 되돌아보는 계기가 되었다. 책을 읽는 분들도 우리가 막연히 알고 있던 글씨가 "사실은 글씨는 이런 것이라는데."라고 말할 수 있기를 바라는 마음이다. 그래서 글씨의 본질에 조금 더 가깝게 다가갈 수 있기를 진심으로 희망한다.

뜻밖의
인문학
캘리그라피

초판 발행　｜ 2018년 04월 20일
2쇄 인쇄　｜ 2019년 08월 01일 (개정판)

저자　　　｜ 이규복
펴낸이　　｜ 고봉석
책임편집　｜ 윤희경
교정·교열　｜ 고우정
편집디자인｜ 이진이

펴낸곳　　｜ 이서원
주소　　　｜ 경기도 성남시 분당구 중앙공원로 20 428-2503
전화　　　｜ 02-3444-9522
팩스　　　｜ 02-6499-1025
이메일　　｜ books2030@naver.com
출판등록　｜ 2006년 6월 2일 제22-2935호

ISBN　　　｜ 979-11-89174-00-2

이 도서의 국립중앙도서관 출판시도서목록(CIP)은 서지정보유통지원시스템 홈페이지(http://seoji.nl.go.kr)와 국가자료공동목록시스템(http://www.nl.go.kr/kolisnet)에서 이용하실 수 있습니다. (CIP제어번호 : CIP2018011726)